위대해지는
과학적 방법

- 신이 되는 길 -

존재 자체가

위대해질

                   의 책

위대해지는
과학적 방법

- 신이 되는 길 -

월리스 D. 와틀스 지음   지갑수 옮김

크록

지은이 **월리스 D. 와틀스** Wallace D. Wattles

남북전쟁 직후 미국에서 출생했다. 젊은 시절 겪은 수많은 어려움을 극복하고 다양한 독서를 통해 신사고의 원리를 발견, 이를 실천하여 스스로 큰 부자가 된 인물이다. 《위대해지는 과학적 방법》은 1910년에 쓰였고, 긍정적인 사고를 통해 개인의 위대함을 발휘할 수 있는 실질적인 지침을 제공한다.

그의 가장 유명한 책이자 신사고의 원리를 담아 쓴 책《부자가 되는 과학적 방법》은 100년이 지나도 많은 사람들에게 영감을 주는 명저 중의 명저이며, 후대 모든 자기계발 및 성공학 분야 서적들의 모태가 되었다. 그중 하나인《시크릿》의 론다 번은 이렇게 말한다. "현재의 나를 있게 한 책이며, 이 책은 '시크릿'의 근원이 되었다."

옮긴이 **지갑수**

시사영어사에서 다양한 영어학습 잡지의 편집장을 지냈고, 영문 칼럼을 연재했다. 농협대학교와 방송통신대학교 경제학과를 졸업했다.

목 차

역자 서문

젊은이들로부터 면접을 보러 갈 때 갖춰야 할 가장 중요한 것을 딱 하나만 조언해 달라는 요청을 받곤 했던 적이 있었다. 그때마다 1초의 망설임도 없이 내 입에서 나오던 대답은 '자신감'이었다. (자신감이라는 표현이 이 서문의 말미에는 어떻게 달라지는지 주목하시기 바란다.)

똑같은 말이라도 자신 있게 하는 경우와 자신 없이 하는 경우의 전달력은 천양지차다. 물론 전달력만 보고 자신감을 첫 손에 꼽았던 것은 아니다. 채용해서 일을 시켜보면 안다. 면접에서 자신감에 차 있던 사람과 그렇지 못했던 사람 대부분은 업무에 임

하는 태도부터 다르다. 스펙, 논리력 등으로 판단할 수도 있으나, 이런 것들의 필터 기능은 자신감에 비하면 현저히 떨어진다.

왜 어떤 사람은 자신감에 차 있는데 어떤 사람은 그렇지 못할까? 준비의 차이 때문이다. 왜 준비에서 차이가 날까? 성실함의 차이라고 생각하기 쉽다. 물론 그런 경우도 있지만 성실함이 항상 답은 아니다. 한 달을 열심히 준비하고도 자신 없어 하는 사람들이 있는 반면 단 하루만 준비하고도 자신감이 넘치는 사람도 있기 때문이다. 성실함의 차이만으로 설명할 수 있는 문제가 아니라는 말이다.

어떻게 하루치 준비가 한 달치 준비를 압도할 수 있을까? 하루만 준비한 사람의 배경에는, 한 달을 준비한 사람의 배경에는 없는 다양한 사전 경험치나 지식, 속된 말로 '짬밥'이 있어서가 아닐까라고 생각하기 쉽다. 일리 있는 추측이다. 자신 있는 사람과 없는 사람, 두 사람의 나이 차이며 이력상의 차이가 꽤 난다면 답이 될 수 있다. 그러나 나이며 이력이 모두 비슷한 경우, 심지어 자신감에 차 있는 사람이 나이도 어리고 경험도 일천한 경우도 수두룩하다. 역시 짬밥만으로는 설명이 안 되는 다른 이유가 더 있다는 말이다. 무엇일까?

인터넷을 떠도는 사진이 한 장 있다. 이름 없는 독립군들을 찍은 흑백 사진이다. 그 사진에서 내 시선을 끈 인물은 중앙에 흰옷을 입고 총을 든 어른이 아니었다. 그 옆에 봇짐을 메고 역시 총을 들고 있는, 많아야 중학생 정도 나이로 보이는 아이였다. 앳된 얼굴이지만 정면을 응시하는 눈빛이 결의에 차 있다. (꼭 확대해서 확인해 보시기 바란다.) 그 나이에 목숨을 걸고 독립 운동에 뛰어들었으니 요즘의 중학생들에 비하면, 아니 요즘의 웬만한 어른들에 비해서도 훨씬 '어른'이다.

그 빛바랜 사진 속의 총을 든 아이의 짬밥이 당시의 혹은 요즘의 어른들을 압도할까? 그럴 가능성은

F. A. McKenzie, "A COMPANY OF KOREAN REBELS", 1907.

제로다. 그 아이가 어른의 참을성마저 압도하는 참
을성과 인내로 독립군 되기를 성실히 준비해서일
까? 그럴 가능성 역시 거의 없다. 그렇다면 어떻게
저런 눈빛, 저런 삶이 가능할까?

앞서 언급한 '준비의 차이'가 가리키는 준비는 단순히 정보를 수집하거나 리허설을 하는 것과 같은 즉물적 준비를 의미하지 않는다. 이러한 준비 역시 대단히 중요하지만, 더 중요한 것은 마음가짐, 즉 태도의 준비다. 사진 속 총을 든 아이가 독립군에 합류하기로 결정하면서 자기도 모르게 했을 준비다. 독립군의 면접관들이 지원자들로부터 찾으려고 했을 준비다. 바로 자신의 인생에 대한 준비, 인생을 걸 준비, 인생을 건 준비다. 그 나이에도 그런 눈빛, 그런 삶이 가능한 이유이자 자신감(이제는 결의라고 불러도 되겠다)에 차 있는 사람이 업무를 대하는 '태도'부터 다를 수 있는 것의 진짜 이유다.

위대함에 관한 책의 '역자 서문'에서 면접 이야기를 이렇게 길게 한 이유가 있다. 이 책《위대해지는 과학적 방법》에도 이와 관련한 대목이 나오는 까닭이다.

조급한 마음가짐에 빠진 것이 확실하다면 그만큼이나 위대함의 마음가짐에서도 확실히 벗어난 것임을 알아야 한다. 조급함은 두려움의 발현이다. 조급함과 공포는 생기는 즉시 우주정신과 우리 자신의 연결을 끊기에 진정될 때까지는 그 어떤 힘도, 지혜도, 정보도 얻지 못하게 된다. 그리고 서두르는 태도에 빠지면 우리 내부에 깃든 힘의 원리의 작용이 저지된다. 두려움은 강함을 약함으로 바꾼다. 태도와 힘은 불가분의 관계에 있음을 잊지 말라.

- '제12장. 서두름과 습관'

총을 든 독립군 소속의 소년은, 적어도 저자인 와틀스의 견해에 따라 판단하자면, 위대한 사람이다. 공포를 제어하고 힘을 얻은 사람이다. 우주정신과 연결된 사람이다. 그가 어린 나이에도 웬만한 어른보다 더 '어른'일 수 있는 이유다.

소년의 결의가 우리의 면접자에게서는 자신감으로 치환된다. 그렇다면 자신감에 차 있는 면접자 역시 위대한 사람이다. 우주정신과 연결된 사람이다. 독립 운동도 아니고 그깟 면접 하나에 위대함을 논하고 우주정신을 논하는 게 너무 과하다고 느껴지실 분들께 와틀스는 말한다.

> 즉각적으로 위대한 일을 하기 시작할 수는 없다. … 그러나 작은 일을 위대한 방식으로 처리하기 시작하는 것은 누구나 언제라도 할 수 있다.
>
> - '제11장. 그 생각을 현실화하라'

와틀스에 따르면 이것이야말로 위대해지는 여정으로 가는 첫걸음이자 (작은 일 하나도 소홀하지 않는 프로라는 점에서) 이미 위대해진 자의 마지막 종착지다. 초심을 잃은 자가 위대할 수는 없는 까닭이다. '위대한 면접자'가 과장이 아닌 것이다.

위대한 자는 다른 사람을 '압도'하는 풍부한 '경험', '정보(지식)', '힘'이 있는 자라고 생각하는 게 통상적인 견해다. 면접에서도 정보(지식)를 수집하고 리허설(경험)을 하는 게 모두 경쟁자들을 '압도'하기 위해서다. 즉 위대해지기 위해서라는 말이다. 그런데 이런 통설에 따르면 경험도 지식도 힘도 일천한 한국의 총 든 소년은 위대함과는 거리가 멀어야 한다.

와틀스에 따르면 위대해지는 것은 경험의 문제도, 지식의 문제도, 힘의 문제도 아니다. 생각의 문제다. 아닌 게 아니라 풍부한 경험, 지식, 힘으로는 가령 알렉산드로스Alexandros, 356~323 BCE.의 위대함은 설명할 수 있어도 총 든 소년의 위대함은 설명할 수 없다. 같은 맥락에서 가장 보편적인 위대함, 즉 어머니의 위대함 역시 설명이 안 된다. 반면에 생각으로는 알렉산드로스와 같은 인물들의 위대함도 설명할 수 있지만 이름 없는 소년의 위대함도, 또한 어머니의 위대함도 설명할 수 있다. 일부 비정한 어머니들의 위대하지 않음도 설명이 됨은 물론이다. 특히 자본력(힘)이 있어서 광범위한 정보(지식)를 수집하고 전문가를 끼고서 리허설(경험)을 반복한 면접자를 자신감, 혹은 결의에 찬 면접자가 때로는 압도할 수 있는 현상도 설명할 수 있다.

와틀스에 따르면 경험, 지식, 힘 등은 아무리 크고 강력하더라도 인간의 것이라는 한계를 넘을 수 없다. 반면에 그는, 생각으로는 인간이 신과도 하나가 될 수 있다고 보았다. 《부자가 되는 과학적 방법》에서부터 《건강해지는 과학적 방법》을 거쳐 이 책 《위대해지는 과학적 방법》에 이르기까지 생각하는 법을 으뜸으로 삼는 와틀스에 따르면 생각은 위대함의 제 1원리일 뿐 아니라 인간의 경험, 지식, 힘이 인간의 한계를 넘어 신의 그것에 닿을 수 있게 되는, 즉 인간 개조의 제 1원리이기도 하다. 그렇게 위대함의 모든 힘, 인간 발전을 넘는 인간 개조의 모든 궁극적 동력을 (인간 외부의 경험, 지식, 힘에서가 아니라') 인간 내부에서 찾는다. 와틀스에게 그 힘은 신의 힘이기 때문이다.

맛있는 음식 생각, 여자 생각, 남자 생각 등 숱한 '한심한 생각'에 매몰된 일상을 보내느라 생각의 힘을 쉽게 이해하지 못하는 우리에게 와틀스는 덧붙인다.

> 사람은 자신에 관한 어떤 중심적 생각 혹은 개념이 있어서 그것을 기준으로 삶의 모든 사실을 정리하고 분류한다. 따라서 이 중심 생각을 바꾸면 삶에 관한 모든 사실과 상황의 정리나 분류 역시 바뀐다.
>
> – '제13장. 신처럼 생각하라'

생각만으로 삶에 대한 태도가 순식간에('쉽게'가 아니다.) 바뀔 수 있음을, 즉 순식간에 인간 개조가 일어나고 위대한 사람이 될 수도 있음을 시사하는 문장인데 시사만이 아니다. 그는 다음과 같이 못 박는다. 다음 글을 읽으면 한나라 고조 유방256 or 247~195 BCE.이 떠오르는 분들이 많을 것이다. 아니면 김동인1900~1951의 단편 《붉은 산》의 주인공 정익호(삵)일 수도 있겠다.

> 평소에는 길모퉁이에서 과자 상자나 깔고 앉아 빈둥거리던 한량, 혹은 동네 술주정뱅이가 국가적 재난이나 위급 상황에서는 구국의 영웅이나 정치가가 되기도 한다. 모두 인간에게 내재된 힘의 원리가 눈 깜짝할 사이에 활성화되기 때문이다. 사람에게는 누구든 끌어내어지기를 기다리고 있는 천재가 존재한다.
>
> – '제1장. 누구나 위대해질 수 있다'

역사가 거듭 증명하듯 경험, 지식, 힘이 있는 사람

들은 저런 상황에서 위대해지기보다는 오히려 현실과 타협하는 경향이 있다. 즉 위대해지는 사람들은 경험, 지식, 힘이 있는 사람들이 아니다. 생각이 바뀐 사람들이다. 경험, 지식, 힘의 원리가 아니라 생각의 원리가 곧 위대함의 원리일 수밖에 없는 이유다.

딱히 경험, 지식, 힘 있는 사람들을 겨냥한 것은 아니겠지만 와틀스는 사람을 두 부류로 나눈다. 기회와 상황에 반응하는 사람과 기회나 상황의 눈치를 보는 일 따위는 개나 줘 버리고 바로 그 자리에서 할 수 있는 일을 당장 최선을 다해 해내는 사람이다. 이 즉각적인 실천은 생각이 달라졌기 때문에 가능한 일인데 전자는 와틀스에 따르면 '낮은 단계에 머무는 사람'으로 '기회와 상황의 자식이자 두려움의 노예'인 반면 후자는 사람 '자체가 동력(자신감)인' 사람이다. 와틀스는 이런 후자를 '스스로 완결하기에 외부로부터 동력을 받을 필요가 없는 존재'인 신에 빗대어 '신과 같은 존재'라고 말한다.

그렇다. 와틀스가 이 책에서 겨냥하고 있는 것은 통상적인 자기 계발의 범주를 까마득히 넘어선다. 스케일이 어마어마하다. 초월주의자transcendentalist여서일까? 이 책은 우리를 '신과 같은 존재'가 되도록 이끌려는 매뉴얼이다. 오해하지 말라. 와틀스가 상정하는 위대한 존재는 이 역자 서문을 읽고 있는 독자들의 머릿속에 지금 혹시 그려지고 있을지도 모르는 구국의 영웅과 같은 '압도적 존재' 즉 '지배적 존재'가 아니다. 오히려 와틀스는 다른 사람들에게 지배력을 행사하는 사람은 절대 위대한 존재가 아니라고 못 박는다.

사람들이 흔히 생각하는 위대한 사람은 남을 섬기는 사람이 아니라 남의 섬김을 받는 사람이다. 그러나 … 예수는 … "너희 중에 위대한 자로 하여금 너희를 섬기게 하라."(마태복음 23:11)고 말한다.

- '제18장. 위대함에 대한 예수의 생각'

와틀스 3부작 중 가장 대중적 인기를 끈 것은 물론 《부자가 되는 과학적 방법》이다. 하지만 역자가 보기에 그의 최고 역작은 단연코 바로 이 책이다. 물론 여기에 나오는 모든 내용은 와틀스의 주장에 불과하다. 또한 와틀스는 지금 독자를 개조하여 '신과 같은 존재'로 만들기를 시도하고 있지만 역자가 보기에는 그게 그의 궁극적 목적인 것도 아니다.

역자로서는 처음에는 '돈'[2], 다음에는 '건강'[3] 그리고 마지막으로 '위대함'이라는 '자기 계발'에 이끌려 이 책까지 펼치게 되신 모든 분들이 와틀스가 왜 독자를 돈을 잘 벌고 건강한 존재를 넘어서 궁극적으로는 '신과 같은 존재'로 만들려고 했는지 그 진짜 의도를 깨닫고 전율을 느끼는 경험을 함께하게 되기를 바랄 뿐이다.[4] 혹시라도 그 전율이 생각의 변화를 끌어내어 궁극의 자기 계발, 인간 개조, 즉 신[5]과의 합일로 가는 첫걸음이 될 수도 있을 테니까.

"신은 너희 안에서 행하시며 너희의 뜻과 행위 모두를 인도하신다."(빌립보서 2:13)

- '제20장. 신의 섭리: 나와 타인에 대한 의무'

* * *

와틀스 3부작의 처음 두 권을 번역하면서 했던 말을 여기에서도 하지 않을 수는 없을 것이다. 이 책역시 출간된 지 100년도 넘은 데다 기독교 문화에 기반하는 책이라 서술 방식이 오늘날의 정서나 감각에는 맞지 않는다. 잘 읽힌다는 것은 콘텐츠의 문제가 아니라 스타일의 문제이기에 부디 이 옛 스타일이라는 난관을 잘 극복하여 이 책의 정수를 꿰뚫으시길 바란다. 그럴 가치가 충분한 책이다.

역자 지갑수

1. 경험, 지식, 힘은 보통은 인간 (외부의 특성이 아니라) 내부의 특성으로 보는 경향이 있다. 그러나 경험, 지식, 힘 모두 외부로부터 얻어지는 것인데다가 '철학이 종교의 시녀'이고 '이성이 본능의 시녀'라는 말에서도 알 수 있듯 경험, 지식, 힘은 생각의 바른 정립에 동원되는 경우보다 원래 있던 생각(때로는 바르지 못할 수도 있다.)의 합리화에 동원되는 경우가 훨씬 더 많다. 순수한 인간 내부가 아닌 것이다.

2. 와틀스의 책 《부자가 되는 과학적 방법》을 말한다.

3. 와틀스의 책 《건강해지는 과학적 방법》을 말한다.

4. 본문에서 확인하시겠지만 와틀스는 책의 마지막에 에머슨(Ralph Waldo Emerson, 1803~1882)의 에세이 《초영혼(The Oversoul)》의 일부를 발췌, 소개하면서 《초영혼》 전체를 제대로 공부해 볼 것을 권했다. 그에 더하여 역자는 노자의 《도덕경》을 권한다. '대도가 사라지니 인의가 생겨나고 지혜가 나타나니 거짓도 생겨나게 되었다.(大道廢, 有仁義, 智慧出, 有大僞)'

5. 이 신은 와틀스의 숱한 성서 인용에도 불구하고 기독교적인 신이 아니며 그렇다고 그의 두 전작에서 언급한 힌두교의 그 수많은 신들도 아니므로 어느 특정 종교의 신이라고 할 수 없다. 오히려 초월적 자연에 가깝다. 근원물질 말이다.

Behold, it is all very good.

Genesis 1:31

역자 일러두기

1. 저자가 본문에 직접 표기한 괄호는 [ ]로 표시했다. 제10장에 딱 한 번 등장한다.

2. 역자가 추가한 내용은 회색 글자로 표시했다. 이는 만연체에 익숙하지 않은 현대의 독자들에게 문장의 수식 관계를 분명히 밝혀 빠른 독서와 용이한 이해를 돕기 위한 것이거나 주석으로 처리하기보다 본문에 노출하는 것이 낫겠다고 판단한 추가 정보를 제공하기 위한 것이다.

3. 모든 주석은 역자가 추가한 것이다.

4. 등장인물에 대하여 원문에는 없는 정보 역시 역자가 추가했는데, 이 경우는 가급적 주석으로 처리하지 않고 본문에 괄호 없이 자연스럽게 녹여냈으며 그게 어려울 경우에만 역자 주석으로 추가했다.

5. 본문에 나오는 예수의 말이나 성서의 구절은 가급적 전부 출처를 밝히고자 했다. 그럼에도 불구하고, 성서에 문구 그대로 있지는 않은 것으로 보이는 일부는 출처를 밝히지 못한 점에 대해 미리 양해를 구한다.

6. 'God'는 성서 인용 등 부득이한 경우가 아니면 하나님이 아니라 신이나 절대자 등으로 번역했다. 이 책은 기독교 서적이 아니라는 게 첫째 이유이고, 비록 시대적인 이유로 기독교적 배경이 강하긴 해도 와틀스의 종교관, 인간관은 기독교에만 한정하기 어려우며 그가 자신의 걸작 《부자가 되는 과학적 방법》에서도 이미 밝혔듯 오히려 일원론적인 힌두교에 더 가깝다고도 볼 수 있어서가 둘째 이유다.

이 책은 나의 3부작 중 세 번째, 즉 마지막 책이다. 첫 번째 책,《부자가 되는 과학적 방법》은 큰돈을 벌기를 원하는 사람들을 겨냥한 책이다. 두 번째 책,《건강해지는 과학적 방법》은 말 그대로 건강해지고 싶은 사람들을 위한 책이다. 이 세 번째 책은 위대함을 추구하는 사람들을 위한 책이다.

자신이 타고난 모든 것을 온전히 계발하여 삶을 최고로 만들고자 하는 사람이라면 남녀노소를 막론하고 이 책을 읽어라. 나는 힘과 능력에 이르는 길을 간단하고 단순하게, 즉 군더더기 없이 보여주기 위해 최선을 다했다. 그래서 의지함과 동시에 몸이 움직이느라 앉아 있을 겨를이 없이 바쁜 사람들도 충분히 읽을 수 있는 책이 되었다.

이 책에서 전개되는 체계는 누구에게나 작용하며 실패할 수가 없다. 그래서 이 행동 방법을 진지하게 실천에 옮기는 사람은 위대한 삶을 얻게 될 것이며, 절대자의 자녀로서 이 세상에서 가장 위대한 사람들과 어깨를 나란히 하게 될 것이다.

이 책을 읽는 바로 당신이 그런 사람들 중 하나가 되기를 바란다. 물론 그저 책을 읽는 행위만으로 위대한 인격이 발달할 수는 없다. 생각하지 않고는 그 어떤 것도 사람을 위대하게 만들 수 없다. 그러므로 생각하고 생각하고 또

생각하라!

월리스 D. 와틀스

제1장

누구나 위대해질 수 있다

Any Person May Become Great

모든 사람에게는 위대함의 원칙이 내재해 있다. 이 원칙을 지혜롭게 사용하고 관리하면 누구나 자신이 갖고 있는 마음의 능력을 계발할 수 있다.

사람에게는 선천적인 능력이 있어서 자신이 원하는 그 어떤 방향으로든 성장할 수 있으며 그 성장의 가능성에는 아무런 제한이 없는 것으로 보인다. 누군가 어떤 분야에서 제아무리 위대해지더라도 언제든 다른 사람이 그보다 더 위대해질 수 있다는 말이다. 이게 가능한 이유는 인간이라는 존재가 근원물질로부터 만들어졌기 때문이다.

천부적 재능, 즉 천재는 근원물질의 전지omniscience
가 인간에게 스며든 것으로 재능 이상의 것이다. 재
능은 한 영역의 능력이 다른 영역들에 비해 좀 더 발
달한 것에 불과하지만, 천재는 인간과 신이 그 영혼
의 작용에서 융합한 결과이다. 그래서 위대한 자 자
체의 위대함은 그가 행한 행위들의 위대함보다 항상
더 크다. 그들은 한도가 없는 힘의 원천과 연결되어
있기 때문이다. 우리는 인간 정신력의 한계가 어디
까지인지 모르며 심지어 한계가 있기나 한 것인지조
차 모른다.

의식적인 성장의 힘은 낮은 단계의 동물들에게는
주어지지 않았다. 이는 인간에게만 고유하게 부여되
었고, 따라서 인간 자신에 의해 계발되거나 성장될
수 있다. 낮은 단계의 동물도 인간으로부터 상당한
정도로 훈련을 받으면 계발될 수 있다. 그러나 인간
을 훈련시키고 계발할 수 있는 것은 오직 인간뿐이

다. 오직 인간만이 이 능력을 가지고 있으며 게다가 아무리 봐도 그 한계가 없는 것 같다.

인간에게 있어 삶의 목표는 발전이다. 이는 마치 나무나 식물의 삶의 목표가 성장인 것과 같다. 나무와 식물의 성장은 고정된 경로를 따라 이뤄지며 자동적이다. 인간 역시 성장할 수 있으나 그 경로는 의지를 따른다. 나무와 식물은 일부의 가능성과 특성에서만 성장할 수 있으나 인간은 다른 누군가에 의해 이미 드러났거나 드러난 적이 있기만 하다면 어디서든 그 어떤 힘이든 계발할 수 있다. 일단 영혼에서 가능한 것이 육신에서 불가능한 경우는 없다. 마찬가지로 생각에서 가능한 것이 행동에서 불가능한 경우도 없다. 그렇다면 상상에서 가능한 것이 실현에서 불가능한 경우 역시 없다.

다른 생명체와 마찬가지로 인간 역시 성장, 즉 발전하도록 만들어졌기에 인간은 항상 발전하지 않으면 안 된다.

끊임없이 앞으로 나아가는 것이 행복의 필수 요건인 것이다.

발전이 없는 삶은 견딜 수 없는 삶이어서 발전을 멈춘 사람은 정신적으로도 지체나 이상을 겪지 않을 도리가 없다. 발전의 폭이 크고 다양하고 조화를 이루면 이룰수록 사람이 느끼는 행복도 더 커진다.

특정 사람에게 존재하는 가능성이 있다면 그 가능성은 다른 모든 사람에게도 존재한다. 그렇다고 어떤 발전의 결과가 똑같은 사람이나 유사한 사람을 만들어내게 되는 것은 아니다. 발전이 자연스럽게 이뤄지는 한 그런 일은 일어나지 않는다.

모든 사람은 각자 특정한 경로를 따라서 발전하려는 경향을 가지고 이 세상에 태어나기에 그 경로를 따라 발전하는 것은 다른 경로로 발전하는 것보다 더 쉽다. 이것은 무한한 다양성의 단초가 되기에 절대자의 지혜로운 예비이다. 이는 마치 정원사의 모든 알뿌리가 처음에는 한 바구니에 담겨 있는 것과 같다. 표면만을 보는 사람에게 알뿌리들은 모두 똑같아 보일 테지만 알뿌리들이 성장하게 되면 엄청난 차이가 드러난다.

인간 세상도 알뿌리 바구니와 비슷하다. 장미가 되어 이 세상의 어두운 곳에 빛과 색깔을 더하는 사람, 백합이 되어 세상의 모든 눈에 사랑과 순수를 가르치는 사람, 덩굴 식물이 되어 일부 어두운 바위의 뾰족뾰족한 겉모습을 감추는 사람, 거대한 떡갈나무가 되어 가지 사이에서는 새들이 쉬며 노래를 부르고 그 아래 그늘에는 양떼가 정오의 햇살을 피하게 되는 사람 등 모든 이는 가치 있거나 희귀하거나 완벽한 존재가 될 것이다.

물론 거시적인 의미에서 우리 주위의 보통 사람들이 꿈꿔 본 적 없는 가능성들이 있기는 할 것이다. 하지만 그렇다고 '보통'으로만 한정된 사람은 아무도 없다. 평소에는 길모퉁이에서 과자 상자나 깔고 앉아 빈둥거리던 한량, 혹은 동네 술주정뱅이가 국가적 재난이나 위급 상황에서는 구국의 영웅이나 정치가가 되기도 한다. 모두 인간에게 내재된 힘의 원리가 눈 깜짝할 사이에 활성화되기 때문이다. 사람이라면 누구든 그 속에 끌어내어지기를 기다리고 있는 천재가 존재한다.

위대한 남자 혹은 여자가 존재하지 않는 동네는 없다. 즉 어려운 시기에 모두가 조언을 구하러 달려가게 되는 사람, 지혜와 통찰에서 탁월하다는 것을 다들 본능적으로 깨닫게 되는 그런 사람들 말이다. 지역에 위기가 닥칠 때 그런 인물에게는 동네 주민들 모두의 마음이 쏠린다. 이심전심으로 위대한 인물임을 인정하는 것이다. 그런 사람은 사소한 일도 탁월하게 해낸다. 그는 위대한 일도, 만약 그 일을 맡기만 한다면, 역시 훌륭히 해내는데, 이는 달리 생각하면 그가 그럴 수 있다면 우리 모두가 그럴 수 있다는 의미와 같다. 즉 당신도 그렇게 할 수 있다. 힘의 원리는 우리가 요구하는 만큼만 내어준다. 우리가 사소한 일들만 맡으려 하면 사소한 일들을 해낼 힘만을 준다. 우리가 위대한 방식으로 위대한 일들을 해내려고 하면 존재하는 모든 힘마저도 내어준다.

그러나 위대한 일이라도 하찮은 방식으로 손을 대지 않도록 주의해야 한다. 이것에 대해서는 나중에 다룰 것이다.

사람이 취할 수 있는 심적 태도에는 두 가지가 있다. 첫 번째 심적 태도는 사람을 축구공처럼 만든다. 이 심적 태도에 힘이 가해지면 강력하게 반응하며 탄성도 뛰어나다. 다만 스스로 힘을 만들어내지는 못한다. 즉 그 자체만으로는 아무런 행위도 할 수 없다. 그 내부에는 어떤 힘도 존재하지 않는 것이다. 이런 유형의 사람은 상황과 환경에 의해 통제된다. 그들의 운명이 그들 외부에 존재하는 무언가에 의해 결정된다는 의미다. 이런 사람들의 내부에 깃든 힘의 원리는 실제로는 조금도 활동 상태가 아니어서 내부로부터 외침이나 행동이 우러나오는 일은 없다.

두 번째 심적 태도는 사람을 흐르는 샘물처럼 만든다. 이런 사람의 중심으로부터는 힘이 나온다. 그의 내부에는 영원한 생명의 물길을 뿜어내는 샘물이 있어서 힘을 발산한다. 이는 그를 둘러싼 환경을 통해서 느낄 수 있다. 이 사람에 깃든 힘의 원리는 항상 활동 상태이다. 즉 그는 사람 자체가 동력이다. 성서에서도 "아버지는 자기 속에 생명을 갖고 계신다.(요한복음 5:26)"고 하였으니 사람에게 일어날 수 있는 일 중에 자체가 동력인 것보다 더 좋은 일은 없다.

삶의 모든 경험은 사람을 스스로 행동하게끔 하기 위해 신의 섭리가 설계한 것이다. 상황의 산물이 되는 것을 멈추고 스스로 환경의 주인이 되도록 만들려는 것이다. 낮은 단계에 머무는 사람은 기회와 상황의 자식이자 두려움의 노예이다. 그 사람의 모든 행동은 환경에 존재하는 힘이 그에게 가한 충격으로부터 발생한 반작용이다. 즉 그는 자신에게 행동이 가해질 때만 행동한다. 스스로는 아무것도 하지 못한다. 그러나 그 낮은 단계에서조차 그에게는 그가 두려워하는 모든 것을 정복하기에 충분한 힘의 원리가 깃들어 있다. 따라서 그가 이 사실을 깨닫고 스스로 행동하는 자가 될 때 그는 하나의 신과 같은 존재가 된다.

사람에게 깃든 힘의 원리가 깨어나는 것은 진정한 전환이다. 죽음으로부터 생명으로의 전환이기 때문이다. 죽은 라자로Lazarus[1]가 사람의 아들[2]의 음성을 듣고 무덤 밖으로 나와 되살아난 때와 같다. 이는 부활이자 생명이다. 힘의 원리가 깨어날 때 사람은 절대자의 자식이 되며 하늘과 땅에 존재하는 모든 힘이 그에게 주어진다.

역사적으로 어떤 사람에게 깃들어 있었던 것이라면 당신에게도 없을 수가 없다. 이는 그 어떤 사람도 당신이 획득할 수 있는 것보다 더 많은 영적, 심적 힘

---

1. 성서 요한복음에 등장하는 인물로 예수에 의해 죽음에서 부활하였다.
2. 예수를 의미한다.

을 가진 적이 없다는 말이요, 당신이 성취할 수 있는 것보다 더 위대한 일을 한 적 역시 없다는 말이다. 즉 당신은, 당신이 원하는 그 무엇이든 될 수 있다.

제2장

물려받은 것과 위대해질 기회

Heredity and Opportunity

　물려받은 것의 차이 때문에 위대함을 성취하지 못하는 일은 없다. 당신의 선조가 누구든, 무엇을 하던 사람이든 혹은 아무리 교육받지 못했고 신분이 낮았든 상관없이 당신이 발전할 길은 항상 열려있다. 왜냐면 고정된 심적 위치를 물려받는 일은 일어나지 않기 때문이다. 부모로부터 물려받은 심적 자본이 아무리 보잘것없더라도 그것은 증폭될 수 있다. 이는 성장할 능력을 타고나지 않은 사람은 아무도 없는 의미이다.

물려받은 것이 아무런 의미가 없다는 말이 아니다. 우리는 누구나 태어날 때 무의식적인 심적 경향을 물려받는다. 가령 우울한 경향, 겁이 많은 경향, 쉽게 짜증이 나는 경향 등등이 있다. 그러나 이런 무의식적 심적 경향은 모두 극복할 수 있다. 현실의 사람이 깨달은 바가 있어 앞으로 나아가기 시작할 때 그 사람은 이런 것 모두를 매우 쉽게 벗어던질 수 있다.

부정적인 심적 경향이 우리의 발목을 잡게 놔둘 필요는 없다. 혹시라도 바람직하지 않은 심적 경향을 물려받았다면 제거하고 그 자리에 바람직한 심적 경향을 심으면 된다. 물려받은 심적 경향이라는 것은 우리의 아버지 혹은 어머니가 하시던 생각 습관이 우리의 무의식적 마음에도 새겨진 것에 불과하기 때문이다. 따라서 그와 반대되는 생각의 습관을 형성함으로써 반대의 심적 경향으로 대체할 수가 있다. 의기소침한 경향은 쾌활한 경향으로 바꿀 수 있다. 겁이 많은 경향, 쉽게 짜증이 나는 경향 역시 마찬가지로 극복할 수 있다.

물려받은 것이 두뇌의 유전적 형성과 관련해서도 의미 있을 수는 있다. 골상학에도, 골상학 옹호자들의 주장만큼은 아니더라도, 귀 기울일 부분이 있다. 이를테면 서로 다른 능력은 두뇌에 국지화되어 있어서 어떤 능력의 정도는 그 두뇌 부위에 활성화된 뇌세포의 수가 결정한다. 그래서 넓은 두뇌 영역에서 나오는 능력은 좁은 두뇌 영역에서 나오는 능력보다 더 강력한 것 같다. 두뇌가 형성된 방식에 따라 음악가, 웅변가, 역학자 등으로서의 재능을 보이는 것이다. 이런 점들 때문에 골상학에서는 사람의 두개골 형상이 그 사람의 지위가 결정되는 데 상당한 영향을 미친다는 주장을 하지만 이 부분만큼은 잘못이다. 작은 영역이라도 활성화된 세포가 촘촘하다면 활성화된 세포가 성긴 큰 영역 못지않은 정도의 능력을 발휘한다는 것이 발견되었기 때문이다. 또한 특정 재능을 발달시키고자 하는 의지와 목적을 가지고 힘의 원리를 두뇌의 특정 영역에 집중하면 해당 두뇌 세포가 무한정으로 증식할 수 있다는 점 역시 발견되었다.

제아무리 작고 보잘것없는 능력, 힘, 재능이라도 증폭시킬 수 있다. 해당 영역이 작더라도 그 부분의 두뇌가 우리가 원하는 만큼 강력하게 작동할 때까지 그 부위의 세포를 증식시킬 수 있기 때문이다. 지금 당장 가장 크게 발달해 있는 능력들을 이용하면 가장 쉽게 움직일 수 있는 것은 사실이다. 자연스럽게 발휘되는 능력이 담당하는 일을 하는 데에는 거의 노력을 들이지 않아도 된다. 그러나 필요한 노력을 기울이면 그 어떤 능력이든 발달시킬 수 있는 것역시 사실이다. 즉 하고자 욕망하는 것은 해낼 수 있고 되고자 욕망하는 것 역시 될 수 있다. 어떤 목표를 설정하고 장차 이 책에서 지시하는 대로 이행하면 우리라는 존재가 가진 모든 힘이 그 목표의 실현에 요구되는 능력에 집중하게 된다. 두뇌의 해당 영역으로 가는 혈류와 신경 세포의 전기 신호가 증가하여 세포의 활동이 빨라지고 세포는 늘어나 그 수가 증폭되는 것이다. 인간이 가진 마음의 적절한 사용은 그 마음이 해내고자 하는 것을 할 수 있는 두뇌를 만들어낸다.

뇌가 사람을 만드는 것이 아니다. 사람이 뇌를 만든다. 삶에서의 우리 위치는 물려받은 것에 의해 고정되지 않는다. 상황이나 기회의 부족 탓에 낮은 위치에 저주처럼 고정되는 일 역시 일어나지 않는다. 사람에 깃든 힘의 원리는 그의 영혼이 요구하는 모든 것을 충족시킬 만큼 충분하다. 제아무리 나쁜 상황들의 조합도 사람이 태도를 바르게 하고 솟아오를 결심을 확고히 하는 한 그를 낮은 위치에 계속 붙들어둘 수는 없다. 인간을 형성하는 힘, 그리고 그 인간이 발전을 목표로 하도록 만드는 힘은 사회와 산업, 그리고 정부의 상황 역시 통제한다. 또한 이 힘은 자체 분열하여 상호 충돌하는 일도 절대로 일어나지 않는다. 우리에게 깃든 힘은 우리 주위의 사물에도 깃들어 있어서 우리가 앞으로 나아가기 시작하면 이 책의 뒷부분에 따로 기술되어 있듯 그 사물들 역시 우리의 이익을 위해 스스로 재배열된다.

인간은 발전하도록 만들어졌고 인간의 외부에 존재하는 모든 사물들은 이 발전을 증진하도록 설계되었다. 인간이 자신의 영혼을 깨우쳐 앞으로 나아가는 길에 들어서는 순간 그는 신뿐 아니라 자연, 사회, 그리고 그의 동료 인간들 역시 자신을 위해 존재함을 깨닫게 된다. 그가 법칙을 따르는 한 모든 존재가 그의 이익을 위해 힘을 합쳐 일하는 것이다. 가난은 위대함에 이르는 길에 장애가 되지 못한다. 왜냐면 가난은 언제든 제거될 수 있기 때문이다. 독일의 종교 개혁가인 마르틴 루터Martin Luther, 1483~1546는 아이였을 때 길거리에서 빵을 구걸하며 노래를 부른 적이 있었다. 스웨덴의 박물학자인 린네Carl Linnaeus, 1707~1778는 자신의 교육비로 쓸 40달러가 전 재산이었고 신발을 기워서 신고 다녔으며 종종 친구들에게 먹을 것을 청해 허기를 달래던 시절이 있었다. 스코틀랜드의 지질학자이자 민속학자인 휴 밀러Hugh Miller, 1802~1856도 석공의 도제로 일하면서 채석장에서 지질학을 공부하기 시작했다. 기관차 엔진을 발명했으며 가장 위대한 토목 공학자 중 한 사람이었던 영국의 조지 스티븐슨George Stephenson, 1781~1848은 스스로 깨친 바 있어 생각하기 시작했을 당시 석탄광에서 일하던 광부였다. 스코틀랜드의 발명가 제임스 와트 James Watt, 1736~1819는 학교에서 공부하는 것이 불가능할 정도로 병약한 아이였다. 미국의 대통령을 지낸 에이브러햄 링컨Abraham Lincoln, 1809~1865 역시 가난한 소년이었다. 이 사례들 각각에서 우리가 목격할 수 있는 것은 사람에게 깃들어 있으면서 그 사람이 맞닥뜨리게 되는 이떠한 반대와 직대에도 불구하고 다른 모든 사람들보다 더 높은 위치로 그 사람을 들어 올린 힘의 원리이다.

여러분에게도 이 힘의 원리가 깃들어 있다. 그것을 어떤 특정 방법으로 사용하고 적용한다면 물려받은 것이 아무리 보잘것없더라도 전부 극복할 수 있음은 물론이고 그 어떤 상황과 조건도 정복하여 강하고 위대한 사람이 될 수 있다.

제3장

위대함의 원천은 무엇인가

The Source of Power

　사람의 두뇌, 신체, 마음, 능력, 그리고 재능은 위대함을 드러내는 도구에 불과하다. 그 도구가 갖춰진 것만으로는 그 누구도 위대해지지 않는다. 탁월한 두뇌와 훌륭한 정신, 강한 능력, 뛰어난 재능을 가진 사람이라도 그 모든 것을 위대한 방식으로 사용하지 않으면 위대한 사람이 아니다. 사람으로 하여금 자신의 능력을 위대한 방식으로 사용하게 하는 특성이 있어서 그 사람을 위대하게 만드는데 그 특성의 이름은 지혜이다. 지혜는 위대함의 본질적인 기반이다.

지혜는 추구할 최고의 목표와 그 목표에 도달할 최고의 수단을 인식하는 힘이다. 또한 해야 할 옳은 일을 인식하는 힘이기도 하다. 해야 할 옳은 일을 인식할 만큼 충분히 지혜로운 사람, 옳은 일만을 하고자 원할 만큼 충분히 선한 사람, 그리고 옳은 일을 하기에 충분한 능력과 힘이 있는 사람이 진정으로 위대한 사람이다. 그런 사람은 그 어떤 무리에 섞여 있어도 즉각 중심인물임이 티가 날 것이고 사람들은 즐거이 그에게 경의를 표할 것이다.

지혜는 지식에 의존한다. 완벽한 무식만이 있는 곳에는 지혜가 있을 수 없고 해야 할 옳은 일이 무엇인지 알 수도 없다. 사람의 지식은 상대적으로 제한적이다. 그래서 마음을 자신의 지식보다 더 큰 지식에 연결하고 영감을 통해 그 지식으로부터 자신의 한계로 인해 접근할 수 없었던 지혜를 끌어내지 않는다면 그 사람의 지혜 역시 제한적일 수밖에 없다.

사람이라면 방금 언급한 연결과 영감, 끌어냄의 모든 것을 할 수 있다. 그리고 이것이야말로 남녀를 막론하고 진실로 위대한 사람들이 여태 해 왔던 일이지만 사람의 지식은 제한적이고 불확실하기에 사람은 혼자서는 지혜를 가질 수 없다.

모든 진리를 아는 존재는 신뿐이다. 그러므로 신만이 참된 지혜를 가질 수 있고 해야 할 옳은 일이 뭔지 언제나 알 수 있으며 사람은 이런 지혜를 신으로부터 받을 수 있다. 예시를 통해 설명해 보자. 에이브러햄 링컨은 제대로 된 교육을 받지 못했지만 진리를 지각하는 힘이 있었다. 링컨에게서 우리는 진정한 지혜란 그 어느 때, 그 어떤 상황에서든 해야할 옳은 일이 무엇인지 아는 데 있다는 사실을, 즉 해야 할 옳은 일을 하려는 의지가 있고 그 옳은 일을 해낼 수 있는 충분한 역량을 갖춘 데에 있음을 매우 명백하게 확인할 수 있다.

과거 노예제 폐지 운동이 일어나고 찬반양론이

분분하여 무엇이 옳은지 또는 무엇을 해야 하는지에 대해 대다수 사람들이 얼마간 갈피를 잡지 못하던 시기에조차 링컨은 단 한 순간도 흔들리지 않았다. 그는 노예제 찬성론자들의 피상적인 주장은 물론이고 폐지론자들의 비현실적인 극단론 역시 꿰뚫어 보았고 추구해야 할 올바른 목표가 무엇인지, 그리고 그 목표에 도달할 최고의 수단은 어떤 것인지도 알고 있었다. 사람들이 링컨을 대통령으로 만든 것도 그가 진리를 인식하고 있었고 해야 할 옳은 일이 무엇인지 알고 있었음을 깨달았기 때문이었다. 진리를 인식하는 능력을 계발하는 사람, 다른 이들에게 '저 사람은 자신이 해야 할 옳은 일이 무엇인지 항상 알고 있고 그 일을 실제로 해낼 것이라 신뢰할 만하다'는 것을 보여 줄 수 있는 사람은 누구나 존경받고 발전할 것이다. 온 세상이 그런 사람들을 간절히 찾고 있기 때문이다.

대통령에 당선되었을 때 링컨은 수많은 소위 유

능한 조언자들에게 둘러싸이게 되었지만 그들 중 링컨과 의견이 일치하는 사람은 거의 없었다. 때때로 조언자들 모두가 링컨의 정책에 반대했고 미국 북부 전체가 그의 정책에 반대하기도 했다. 하지만 다른 사람들이 피상적인 것에 휘둘릴 때 링컨은 진실을 보았고 그가 내린 판단이 틀린 경우는 거의 혹은 전혀 없었다. 그는 그 시대 가장 유능한 정치가이자 최고의 군인이었다.

상대적으로 학벌이 떨어지는 그가 어디에서 이런 지혜를 얻었을까? 두개골의 구성이 특별해서라거나 두뇌 조직의 정밀성과 같은 것 때문이 아니었다. 신체적 특성 때문도 아니었고 우월한 논리력을 발휘하는 뛰어난 이성 때문도 아니었다. 이성과 논리만으로는 진실을 알게 되는 데까지는 이르지 못하는 경우가 적지 않다. 그것은 바로 영적 통찰력 때문이었다. 그는 진리를 간파했다. 어디에서 그 진리를 간파했을까? 또한 그 진리는 어디로부터 왔을까?

우리는 미국 건국의 아버지 조지 워싱턴George Washington, 1732~1799에게서도 비슷한 면모를 발견한다. 진리를 간파하는 능력이 있었기에 그의 신념과 용기는 종종 절망적인 싸움이 될 것만 같았던 길고 긴 미국 독립 전쟁 기간에도 동부 13주를 하나로 결속했다. 우리는 군사 관련 문제에서는 최선의 수단이 무엇인지를 항상 알고 있었던 나폴레옹Napoleon Bonaparte, 1769~1821³의 경이로운 천재성에서도 이와 동일한 뭔가를 본다. 나폴레옹의 위대함이 나폴레옹 자신에 있다기보다 자연에 있었음을 깨닫는다. 워싱턴이나 링컨보다 더 위대한 무언가가 그 두 사람의 뒤편에서 어른거림을 역시 발견한다. 똑같은 것을 남녀를 막론하고 모든 위대한 사람들에게서 확인한다.

그들은 진리를 인지한다. 그러나 진리는 존재하기 전에는 인지될 수 없으며 진리를 인지할 마음이 있

---

3. 프랑스, 코르시카섬의 하급 귀족 가문의 군인으로, 프랑스 혁명 시기에 벌어진 전쟁에서 큰 공을 세우며 국민적 영웅이 되었고, 쿠데타를 통해 제1통령이 된 후 종신통령을 거쳐서 황제에까지 즉위한 인물.

기 전에는 진리 역시 존재할 수 없다. 즉 진리는 마음과 별개로는 존재하지 않는다. 워싱턴과 링컨은 모든 지식을 알고 있으며 모든 진리를 담지하는 어떤 마음과 접촉하고 소통하고 있었다. 똑같은 내용이 지혜를 드러내는 모든 이에게도 적용된다. 곧 지혜는 신의 마음을 읽음으로써 획득된다.

제4장

신의 마음

The Mind of God

모든 것에 깃든 상태로 그 안팎을 넘나드는 우주적 지혜가 있다. 그것은 실제로 존재하는 유일한 물질이며 이로부터 만물이 발생했다. 그것은 지혜로운 근원물질이며 생각하는 물질이기도 하다. 즉 그것은 신이다. 근원물질이 없는 곳에는 지혜도 없다. 왜냐면 근원물질이 없는 곳에는 그 어떤 것도 존재할 수 없기 때문이다. 생각이 있는 곳에는 생각하는 근원물질이 없을 수가 없다.

생각은 기능일 수가 없다. 왜냐면 기능은 움직임

인데 단순한 움직임이 생각을 한다는 것은 상상할 수 없는 일이기 때문이다. 생각은 진동일 수도 없다. 왜냐면 진동 역시 움직임인데 움직임이 지혜를 발휘한다는 것 역시 상상할 수 없는 일이기 때문이다. 움직임은 근원물질의 움직임에 지나지 않는다. 그러므로 무언가에서 지혜가 보인다면 그 지혜는 움직임에 있는 것이 아니라 근원물질의 실체에 있는 것이어야 한다. 생각은 두뇌 움직임의 결과일 수가 없다. 만약 생각이 두뇌 안에 있다면 그 생각은 두뇌의 물질에 있어야 하는 것이지 두뇌 물질이 만드는 움직임에 존재할 수는 없다.

그러나 생각은 두뇌 물질에 있는 것도 아니다. 왜냐면 두뇌 물질도 생명이 없다면 죽은 고깃덩이에 불과하므로 지혜가 깃들 수 없기 때문이다. 결국 생각은 두뇌를 살아있게 하는 생명 원리, 즉 영적 실체 안에 있는 것이며 이것이 진짜 사람이다. 두뇌 자체는 생각하지 않는다. 사람이 생각하고 그 생각을 두뇌로 표현하는 것이다. 곧 생각은 영적 실체가 한다. 인간의 영적 실체가 그 몸에 스며들어서 그 몸속에서 생각하고 아는 것처럼 근원적인 영적 실체, 즉 신은 모든 자연에 스며들어서 그 자연 속에서 생각하고 아는 것이다.

자연은 인간만큼이나 지혜롭고 인간보다 더 많은 것을 안다. 자연은 모든 것을 안다. 근원물질의 마음 그 자체는 태초부터 모든 것과 접촉해 왔기에 모든 것에 대한 지식을 품고 있다. 사람의 경험은 제한적이어서 사람은 경험한 것만을 알게 되지만, 신의 경험은 행성의 파멸이나 혜성의 스쳐 지나감에서부터 어떤 참새 한 마리의 추락에 이르기까지 우주가 생겨난 이래 존재해 온 모든 것을 전부 아우른다. 현재 존재하는 모든 것, 그리고 여태 존재한 모든 것이 우리를 완전히 둘러싸 감싼 채로 사방에서 압박을 가하는 신의 지혜 속에 들어 있는 것이다. 인간이 지금까지 작성해 온 모든 백과사전은 인간이 살고 움직이고 존재하는 터전인 신의 마음속에 깃든 방대한 지식에 비하면 사소한 것에 불과하다.

사람이 영감을 받아 인지하는 모든 진리는 이 신의 마음에 깃든 생각이다. 그 진리들이 생각이 아니라면 존재할 수 없기 때문에 인간은 인지할 수 없게 될 것이다. 그 진리들이 생각으로 존재할 수 있는 이유는 그것들이 존재할 마음이 있기 때문이다. 그리고 마음은 생각하는 근원물질 외에 다른 것이 될 수 없다.

인간은 생각하는 근원물질로서 우주적 근원물질의 일부이지만 제한적이다. 반면 인간 존재의 근원이자 예수가 아버지라 불렀던 우주적 지혜에는 제한이 없다. 모든 지혜, 힘, 포스는 이 아버지로부터 나온다. 예수는 이를 인지했고 그것을 매우 분명히 말했다. 그는 자신의 모든 지혜와 능력이 아버지와 통합하고 아버지의 생각을 인지한 데에서 나오는 것임을 몇 번이고 거듭 밝혔다. "나의 아버지와 나는 하나이다.(요한복음 10:30)"이것이 예수의 지식과 힘의 토대였다. 그는 사람들에게 영적으로 깨어 있어야 할 필요성, 즉 그의 음성을 듣고 그와 같이 되는 것의 필요성을 보여 주었다. 그는 상황의 먹잇감이자 노리개인 생각 없는 사람을 무덤 속의 죽은 사람에 비유하고 그에게 자신의 말을 듣고 나오라고 청하였다.

"하나님은 영이시다." 예수는 말했다. "거듭나고 영적으로 깨어 있으면 그의 왕국을 보게 될 수도 있으리니.(요한복음 3:3)"내 목소리를 들으라. 내가 무엇이고 무엇을 하는지 보라. 앞으로 나오라. 그리고 살라. 내가 하는 말들은 영이요 생명이니(요한복음 6:63) 받아들이라. 그러면 그 말들이 너희 안에서 샘물을 솟게 하고(요한복음 7:38) 너희는 너희 안에 생명을 갖게 되리라."

예수는 또 말했다. "나는 아버지께서 행하시는 것을 본 대로 행하노라.(요한복음 5:19)"이는 예수 자신이 하나님의 생각을 읽었음을 의미한다. "아버지는 모든 것을 아들에게 보여 주시노라.(요한복음 5:20)""누구든 하나님의 뜻을 행하고자 하는 의지가 있는 자는 진리를 알게 되리라.(요한복음 7:17)""나의 가르침은 나의 것이 아니라 나를 보내신 이의 것이라.(요한복음 7:16)""진리를 알지니 진리가 너희를 자유롭게 하리라.(요한복음 8:32)""영이 너희를 모든 진리의 가운데로 인도할 것이라.(요한복음 16:13)"

우리는 마음이라는 물에 잠겨 있고 그 마음에는 모든 지식과 모든 진리가 담겨 있다. 그리고 그 마음은 우리에게 그 지식을 주고자 한다. 왜냐면 아버지는 자식에게 선물을 주는 것이 즐겁기 때문이다. 과거부터 현재에 이르기까지 예언자, 선지자 등 위대한 사람들은 남녀를 막론하고 사람들에게 받은 가르침 덕분이 아니라 신으로부터 받은 것 덕분에 위대해졌다. 이 무한한 지혜와 힘의 보고는 누구에게나 열려 있어서 원하면 필요에 따라 그 자원을 이용할 수 있다. 당신은 원하는 것이 될 수 있고, 하고자 하는 일을 할 수 있으며, 원하는 것을 가질 수 있다.

이를 달성하기 위해서는 절대자와 하나가 되는 법을 배워야 한다. 그러면 그 결과로 진리를 인지할 수 있게 되고 지혜가 생겨서, 추구해야 할 올바른 목적과 그 목적을 달성하기 위해 사용해야 할 올바른 수단을 알 수 있게 되며 그 수단을 사용할 힘과 능력을 확보할 수 있게 된다. 이 장을 마치는 지금, 이제 다른 모든 것을 제쳐두고 절대자와 의식적 융합을 이루는 데에 집중하겠다고 결심하라.

"오, 아무 걱정 없는 숲속의 내 집에서는 그리스와 로마의 오만이 하찮네. 저녁 별이 신성하게 비추는 소나무 아래 대자로 누우니 인간의 지식과 자부심, 궤변론자들과 배웠다는 족속들에 대해 웃음이 나네. 그들의 드높은 자부심이 무슨 소용인가? 숲속에서는 사람이 신과 만날 수 있는데." 《안녕》- 랠프 월도 에머슨 Ralph Waldo Emerson, 1803~1882

제5장

신의 마음이 될 준비

Preparation

"하나님을 가까이하라. 그리하면 너희를 가까이 하시리라.(야고보서 4:8)"

사람이 신과 같아지면 신의 생각을 읽을 수 있다. 신과 같아지지 못하면 영감을 통한 진리의 인식은 불가능하다는 것을 깨닫게 될 것이다.

근심하는 사람, 걱정하는 사람, 두려워하는 사람이 진리를 인식하는 것은 불가능하다. 그런 정신 상태에서는 모든 것이 왜곡되어 원래의 적절한 관계가 붕괴되기 때문이다. 따라서 신의 생각을 읽을 수 없게 된다. 불안, 걱정, 두려움을 극복하지 않고서는 결코 위대한 사람이 될 수 없다.

가난한 사람, 사업이나 재정적인 일로 불안한 사람은 이 시리즈의 첫 번째 책인《부자가 되는 과학적 방법》을 주의 깊게 공부하라. 아무리 크고 복잡한 불안일지라도 책은 해결책을 제시할 것이다. 재정적 문제를 걱정할 이유는 전혀 없다. 부족함을 극복하고자 하고 필요한 모든 것을 갖고자 하며 부자가 되고자 하는 의지가 있는 사람은 누구나 그렇게 될 수 있기 때문이다. 정신적 개화와 영적 힘을 끌어내고자 할 때 사용하는 원천과 똑같은 원천이 여러분에게 모든 물질적 필요를 공급하기 위해서도 역시 대기하고 있다. 이 진리가 생각에 아예 뿌리를 박아 마음으로부터 불안이 사라질 때까지 머리에 새겨 넣어라. 물질적 부를 가져다주는 특정 방식에 따라 일을 시작하라.

다시 말하지만, 건강에 대해 불안을 느끼거나 걱

정이 된다면 하고자 원하는 모든 일은 물론이고 그 이상을 하기에도 충분한 힘을 주는 완벽한 건강 상태에 이르는 것이 가능함을 깨달으라. 인간에게 부는 물론이고 정신적, 영적 힘을 기꺼이 줄 준비가 되어 있는 우주적 지혜는 건강 역시 즐거이 내어주는 까닭이다. 완벽한 건강은 원하기만 하면 누구나 얻을 수 있다. 그저 생명의 간소한 법칙에 순응하여 올바로 살기만 하면 된다. 자세한 내용은 《건강해지는 과학적 방법》 참조 마음으로부터 질병을 극복하고 두려움을 몰아내라.

그러나 재정적, 신체적 불안과 걱정을 초월하는 것만으로는 충분하지 않다. 윤리적 악행 역시 초월해야 한다. 지금 내면의 의식을 말소리로 표현하여 자신을 추동하는 동기를 얻으라. 그 동기가 올바른 것인지 반드시 확인하라. 탐욕을 몰아내고 식욕의 지배로부터 벗어나라. 식욕을 통제해야 한다. 식사는 배고픔을 면하기 위해서만 하라. 절대 식욕을 만족시키기 위해 해서는 안 된다. 모든 일에서 육체가 영에 복종하게 하라.

탐욕을 버려라. 무가치한 동기로 인해 부자가 되거나 권세를 얻고 싶은 욕망이 일어나지 않게 하라. 가령 영혼을 위해서 부를 욕망하는 것은 정당하고 옳은 일이지만 육체의 정당한 욕구를 넘어서는 탐욕을 위해서라면 안 된다.

오만과 허영을 버려라. 다른 사람을 지배하거나 능가하고 싶다는 생각도 가지지 말라. 이것은 중요한 사항이다. 다른 사람들을 지배하려는 이기적인 욕망만큼 교활한 유혹은 없기 때문이다.

모임에서 가장 상석에 앉는 것, 거리에서 사람들에게 정중한 인사를 받는 것, 스승님이나 선생님과 같은 호칭으로 불리는 것만큼이나 평범한 남녀를 혹하게 하는 것은 없다. 다른 사람들에게 모종의 통제력을 행사하는 것은 모든 이기적인 사람들이 은밀히 바라는 바이다. 타인에 대한 통제력을 얻으려는 투쟁은 경쟁 세계에서 일어나는 싸움이다. 우리는 그 세계와 그 세계에 속하는 동기 및 열망을 초월하여 오직 삶을 추구해야 한다.

시기심을 버려라. 바라는 것은 뭐든 가질 수 있으므로 다른 사람이 가진 것을 부러워할 필요가 없다. 무엇보다 누구에게도 악의나 적의를 품지 않도록 주의하라. 그런 나쁜 마음을 품는 것은 신의 마음으로부터 스스로를 분리해 버리는 것과 같다. 바로 그 신의 마음에 우리가 우리의 것으로 만들고자 하는 보물이 있다. "형제를 사랑하지 않는 자는 하나님을 사랑하지 않는 것이다.(요한복음 4:20)" 편협한 개인적인 야망은 모두 버려라. 최고의 선을 추구하고 가치 없는 이기심에 휘둘리지 않겠다고 결심하라.

지금까지 언급한 것을 모두 복습하라. 도덕적 유혹들을 마음에서 하나씩 제거하며 자신의 인생에 절대 들이지 않겠다고 결심하라. 그다음으로 악한 생각을 전부 버리는 것을 넘어 여러분의 가장 고귀한 이상에 부합하지 않는 모든 행위, 습관, 그리고 행동

방침 역시 폐기할 것을 결심하라. 이는 가장 중요한 일이다. 영혼의 힘을 온통 쏟아 결심하라. 그러면 위대함을 향한 다음 단계를 밟을 준비가 끝난다. 이에 관한 설명은 다음 장에서 이어진다.

제6장

신의 마음과 사회적 관점

The Social Point of View

"믿음이 없이는 하나님을 기쁘게 할 수 없다.(히브리서 11:6)" 그리고 믿음이 없이는 위대해질 수도 없다. 남녀를 막론하고 진실로 위대한 모든 사람들에게 나타나는 두드러진 공통점은 흔들리지 않는 믿음이다.

미국 남북전쟁의 혼돈기 때 링컨이 그랬고 독립전쟁 때 밸리 포지Valley Forge⁴에서 워싱턴이 그랬다.

---

4. 미국 독립전쟁 시기, 조지 워싱턴 장군의 주둔지 중 한 곳. 당시 미국의 실질적인 수도 역할을 했던 필라델피아가 1777년 9월 영국군에게 점령당하면서 미국군(당시는 대륙군이라 부름)은 최악의 상황에 처했고, 워싱턴은 필라델피아에서 40km 북서쪽에 있는 밸리 포지에 주둔하여 필라델피아 수복을 꾀하지만 겨울을 맞으면서 대륙군과 영국군은 지루한 대치 상태에 빠진다. 보급이 사실상 끊기면서 1778년 2월 말경에는 굶주림과 질병으로 거의 2,500명의 대륙군 군인들이 사망하는 등 패색이 짙어갔지만 워싱턴

자신의 영혼 깊숙이 혐오했던 가증스러운 노예무역에 빛을 비추겠다는 불꽃 같은 일념으로 영혼을 불사르며 아프리카 대륙의 얽히고설킨 복잡한 길들을 누비고 다녔던 장애인 선교사 리빙스턴David Livingstone, 1813~1873 역시 마찬가지였다. 마르틴 루터와 미국의 교육자이자 금주 운동가 프랜시스 윌러드Frances Willard, 1839~1898를 비롯해 남녀를 막론하고 세상의 위대한 인물 명부에 이름을 올린 모든 이들이 다 그러했다.

여기서 말하는 믿음이란 자기 자신이나 자신이 가진 힘에 대한 믿음이 아니다. 원리에 대한 믿음이다. 때가 되면 우리에게 승리를 안겨 줄 것임을 신뢰하게 해주는, 올바름을 세우는 미지의 위대함에 대한 믿음 말이다. 이 믿음 없이는 그 누구도 진정한 위대함에 이를 수 없다. 이러한 원리에 대한 믿음이 없는 사람은 아무리 시간이 흘러도 소인의 됨됨이를

의 지휘 아래 대륙군은 버텼다. 마찬가지 상황이었던 영국군은 견디지 못하고 1778년 6월 19일 필라델피아를 포기하고 퇴각하면서 대륙군은 승기를 잡는다. 미국의 독립이 무기에 의해서가 아니라, 의지의 힘에 의한 승리였다는 평가가 이뤄지게 된 사건.

면하지 못할 것이다.

믿음이 있느냐 없느냐는 각자의 관점에 달린 문제다. 먼저 이 세상을 이미 완성된 작품이 아니라 진화에 의해 생성되는 것, 즉 발전[5]하면서 형성되어가는 것으로 바라보는 법을 배워야 한다. 까마득한 옛날, 신의 작업대에는 대단히 낮고 조잡한 형태의 생명이 놓여 있었다. 낮고 조잡했으나 그 나름의 수준에서는 완벽한 생명이었다. 시대가 흐르면서 더 높고 복잡한 유기체들, 즉 동물과 식물이 나타났고 지구는 단계를 거칠 때마다 점점 더 개화해 나아갔다. 각 단계는 그 나름의 수준에서는 여전히 완벽했고 더 높은 단계에 의해 대체되었다.

우리가 주목해야 할 것은 소위 '하위 유기체'가 그 나름에서는 상위 유기체만큼 완벽하다는 것이다. 에

---

5. 진화는 발전이 아니라 적응과 변화일 뿐이라는 것이 진화에 대한 오늘날 주류의 견해이다. 다만 생명이 처음 탄생할 때는 간단한 구조뿐이었으나 점점 복잡한 구조의 생명체들이 출현했으므로 단순한 구조에서 출발해 복잡한 구조로 이행하는 추세(환경이 어떠냐에 따라 일부는 더 간단해질 수도 있음)인 것은 맞다. 이것을 완성을 향해 나아가는 발전으로 보아야 한다는 와틀스의 주장은 진화론에 창조론의 관점을 더한 것인 셈이다.

오세 시대[6]의 세상은 그 시대에서는 완벽했다. 완벽했지만 신의 작업이 끝나지 않았을 뿐이다. 이는 오늘날 세상에도 그대로 적용된다. 물질적으로든 사회적으로든 산업적으로든 세상은 모두 좋고 모든 것이 완벽하다. 어느 곳이든 어느 부분이든 완결되지는 않았으나 신이 손으로 만든 것에 관한 한 세상은 완벽하다. 바로 이것을 우리의 관점으로 삼아야 한다. "이 세상과 그 안의 모든 것은 비록 완결되지는 않았으나 그 자체로 완벽하다."

"이 세상의 모든 것이 옳다."[7]는 영국의 시인이자 극작가, 로버트 브라우닝Robert Browning, 1812~1889의 말은 압도적인 사실이다. 어떤 것에도 잘못된 것은 없다. 어떤 사람에게도 잘못된 것은 없다.

생명에 관한 모든 사실은 이 관점에서 숙고해야 한다.

---

6. 기원전 5,600만 년부터 기원전 3,390만 년 전까지 2,210만 년 동안 지속된 지질시대.

7. 브라우닝의 시, 피파의 노래(Pippa's Song)

먼저 자연에는 잘못된 것이 절대 있을 수가 없다. 자연은 위대한 전진하는 존재이므로 모든 존재의 행복을 위해 자비롭게 일하기 때문이다. 자연에 존재하는 모든 것이 옳기에 자연에는 악이 존재하지 않는다. 자연은 완결되지는 않았다. 창조가 여전히 끝나지 않았기 때문이다. 자연은 완벽하지만 완전하지는 않다. 하지만 자연은 지금까지 사람에게 베풀어 왔던 것보다 훨씬 더 풍족하게 베풀기 위해 지금도 전진하고 있다. 자연은 신의 부분적인 표현인데 신은 곧 사랑이기 때문이다.

인간 사회와 정부도 마찬가지다. 독과점적 지위를 얻어 시장을 지배하기 위한 기업 연합의 한 형태인 트러스트가 나타나는 등 자본의 각종 연합이 발생하고, 파업과 직장폐쇄 등등의 일이 일어나는 이유는 전진하는 움직임의 일부이기 때문이다. 완결된 사회를 향한 진화 과정에서 마치 사고처럼 부수적으로 발생하는 것이다. 완결이 이뤄진 뒤에는 모든 것이 조화로울 테지만, 이러한 사고가 없으면 완결에 도달할 수 없다. 이를테면 JP모건은 파충류 시대의 기이한 동물들이 그다음 시대 생명의 탄생에 필요했던 것만큼이나 다가올 사회 질서에 필요한 존재이고, 그 파충류들이 그 나름 완벽한 존재였던 것처럼 JP모건[8] 역시 그 나름으로 완벽한 존재이다.

그러므로 보라, 이 모든 것이 매우 좋다.(창세기 1:31)[9] 정부와 산업 역시 지금 그대로 완벽한 존재이며 완결을 향해 빠르게 전진하고 있다고 믿으라. 그러면 두려워할 것도, 근심할 것도, 걱정할 것도 없다는 것을 깨닫게 될 것이다. 이들 중 어느 것에 대해서든 절대 불평하지 말라. 이미 완벽하며 이 세상 또한 인

---

8. JP모건(JPMorgan Chase & Co. NYSE: JPM)은 투자은행가였던 존 피어폰트 모건(John Pierpont Morgan, 1837~1913)이 설립한 은행으로 세계에서 가장 오래된 은행 중 하나이며 총자산은 3.5조 달러로 미국 은행 최고의 시가총액을 보유하고 있다.

9. KJV 성경에서 이 부분은 원래 'And God saw every thing that he had made, and, behold, it was very good.'이며 공동번역 개정판의 우리말 공식 번역은 '이렇게 만드신 모든 것을 하느님께서 보시니 참 좋았다.'이다. 와틀스는 이 책 전체에 걸쳐서 창세기의 이 구절을 조금씩 형태를 바꿔가며 계속 인용한다. 번역은 문맥 때문에 동일 문장으로 통일할 수 없었으나 최대한 '모든 존재가 다 절대자의 창조물이므로 틀린 것은 있을 수 없다'는 와틀스의 생각을 전달하기 위해 애썼다.

간이 여태 도달해 온 발전 단계와 관련하여 현재까지 가능한 가장 좋은 세상이기 때문이다.

이런 말은 수많은, 아니 대다수 사람들의 귀에는 얼토당토않은 소리로 들릴 수 있다. "뭐라고?" 사람들은 말할 것이다. "아동 노동과 더럽고 비위생적인 공장에서 착취당하는 남녀 노동자들의 상황이 악이 아니라고? 즐비한 술집들이 나쁜 게 아니라고? 이런 것들까지 다 받아들이고 좋은 것이라고 인정해야 한다는 소리를 하는 건가?"

현대의 아동 노동과 그와 비슷한 것들은 까마득한 옛날에 사람들이 동굴에서 살던 시절의 생활 방식과 습관 및 관습 따위와 비교해 보면 나쁘다고 말할 수준조차 되지 않는다. 신이 보여주신 방식들은 성장하는 인간이 미개 상태에 머물던 때의 방식들이었을 뿐이며 그 방식들은 각 단계에서 그 자체로 완벽했다. 마찬가지로 현대 산업의 관행들도 산업 발전 단계 중 야만 단계의 것일 뿐이며 따라서 그 자체로는 역시 완벽하다.

산업에서든 사업에서든 우리 모두가 정신적 야만 상태에서 벗어난 남자와 여자가 되기 전에는 더 나은 상황이 도래하기는 불가능하다. 이는 인류 전체가 더 높은 단계의 관점으로 올라서야만 일어날 수 있는 일이다. 그리고 이것은 더 높은 단계의 관점에 오를 준비가 되어 있는 개인들이 여기저기서 실제로 올라섬으로써만 일어날 수 있다. 결국 모든 부조화에 대한 해결책은, 주인이나 고용주가 아닌 노동자 자신에게서 찾아야 한다.

그들이 더 높은 관점에 도달하고자 갈망할 때마다, 그리고 그들이 실제로 도달할 때마다 노동자들은 완벽한 노동 조직과 조화를 각자가 종사하는 산업 분야에서 달성할 수 있다. 그들에게는 이뤄낼 수 있는 머릿수와 힘이 있다. 실제로 현재 노동자들은 갈망하는 것을 획득하고 있다. 그들이 더 높고, 더 순수하고, 더 조화로운 삶의 방식을 따르며 좀 더 많이 욕망할 때마다 더 많은 것을 얻게 될 것이다.

사실 노동자들은 지금도 더 많은 것을 원하고 있다. 그러나 동물적인 즐거움을 주는 것만을 더 원하기에 그들이 종사하는 산업 분야도 야만적이고 잔인한 동물 단계에 머물러 있는 것이다. 노동자들이 삶의 정신적 차원으로 올라가 정신과 영혼의 생명을 이루는 것들을 더 많이 요구하기 시작할 때 산업 역시 즉각 야만과 잔인의 차원 너머로 솟구쳐 올려질 것이다. 하지만 산업은 현재의 차원에서는 여전히 완벽하다는 사실을 잊지 말라. 보라, 사실상 이 모든 것이 매우 좋다.(창세기 1:31)

이는 술집을 비롯한 여하한 악의 구렁텅이에 대해서도 마찬가지다. 만약 대다수의 사람들이 악의 구렁텅이를 원한다면 그들이 그 구렁텅이에 빠지는 것은 올바른 일인 동시에 필요한 일이다. 대다수의 사람들이 구렁텅이가 없는 세상을 욕구할 때 그들은 원하는 세상을 스스로 창조하게 될 것이다. 남자와 여자가 짐승적 생각의 차원에 머무는 한 사회질서 역시 부분적으로 무질서한 상태에 머물게 될 것이고 짐승의 징후를 보이게 될 것이다. 현재 상태의 사회를 만든 것은 사람들이기에 사람들이 짐승적 생각의 차원을 넘어설 때 사회 역시 짐승의 징후를 넘어서게 될 것이다. 하지만 짐승의 방식으로 생각하는 사회에는 너저분한 술집이나 퇴폐업소가 있을 수밖에 없다. 그 나름으로는 그것이 곧 완벽이다. 세상이 에오세 시대이면 에오세적인 것이 매우 좋은 것처럼 말이다.

그렇더라도 이런 것들이 우리가 더 나은 것들을 향하여 전진하지 못하도록 방해하는 것은 아니다.

썩어가는 사회를 혁신하려는 것보다는 미완성 사회를 완성하려는 것이 낫다. 일할 때 마음도 더 편하고 기분도 더 희망적이 되는 까닭이다. 우리의 문명을 더 나아지고 있는 좋은 것으로 보느냐 썩어가는 나쁘고 악한 것으로 보느냐 여부는 우리의 신념과 영혼에 엄청난 차이를 일으킨다. 전자는 우리에게 전진하고 확장하는 마음을 주는 반면 후자는 후퇴하고 축소하는 마음을 준다.

또한 전자는 우리를 더 크게 성장시키지만 후자는 필연적으로 우리를 퇴보시킨다. 전자는 우리가 영원불멸한 것들을 위해 일할 수 있게 할 것이다. 불완전하고 조화롭지 못한 모든 것들의 완성을 위해 위대한 방식으로 위대한 일들을 하는 것 말이다. 후자는 우리를 그저 땜질식 개혁가로 만들 것이다. 길 잃은 몇몇 영혼을 구하고자 하나 성공해 봐야 그 세상이 어차피 파멸의 운명에 처한 잃어버린 세상임을 차츰 깨닫고 체념하면서, 일을 하더라도 거의 아무런 희망도 찾을 길 없게 되는 그런 사람 말이다.

이처럼 사회적 관점을 어떻게 가지는지는 우리에게 엄청난 차이를 일으킨다. "세상에 존재하는 모든 것은 옳다. 세상에서 잘못일 수 있는 것은 아무것도 없기에 틀렸다는 생각이 든다면 틀린 것은 세상이 아니라 나의 태도다. 따라서 고쳐져야 할 것이 있다면 그것은 바로 나의 태도다. 자연에 관한 여러 사실, 실제로 벌어지는 온갖 일, 상황, 그리고 사회와 정치, 정부, 산업의 상태를 가장 높은 관점에서 바라보라. 그럼 모든 것이 완성되지는 않았을 뿐 완벽하다는 것을 알게 될 것이다. 모든 것은 신의 손으로 빚은 것이다. 그러므로 '보시기에 심히 좋았더라.'

(창세기 1:31)"

제7장

신의 마음과 개인적 관점

The Individual Point of View

사회생활의 사실에 대해 어떤 관점을 가질 것인지도 중요하지만 동료, 지인, 친구, 친척, 직계 가족, 그리고 무엇보다 자기 자신에 대해 어떤 관점을 가질 것인지가 더 중요하다. 우리는 세상을 잃어버리고 부패해 가는 것이 아니라 매우 아름다운 완성을 향해 나아가는 완벽하고 영광된 것으로 바라보는 법을 배워야 한다. 마찬가지로 남자와 여자를 잃어버리고 저주받은 존재가 아니라 완성되기 위해 전진하는 완벽한 존재로 바라보는 법 역시 배워야 한다.

'나쁜' 사람도 '사악한' 사람도 없다. 철로 위에서 무거운 객차를 끄는 기차의 엔진은 그 범주에서는 완벽하며 따라서 좋은 것이다. 그 엔진을 작동하게 하는 증기력 역시 좋은 것이다. 어느 날 철로가 망가져서 엔진이 구덩이에 처박혔다고 하자. 경로를 이탈했다고 엔진이 나빠지거나 사악해지지는 않는다. 여전히 완벽하게 좋은 엔진이다. 다만 철로에서 벗어났을 뿐이다. 엔진을 구덩이까지 움직이게 하여 망가뜨린 증기력 역시 사악하기는 고사하고 여전히 완벽하게 좋은 동력이다. 이처럼 탈선하여 잘못된 상황에 처하더라도 그게 최종적으로 완성된 것이 아니거나 전체가 아닌 부분적 상황인 한 사악하지 않다. 마찬가지로 사악한 사람은 없다. 경로를 이탈한 완벽하게 좋은 사람이 있을 뿐이다. 그들에게 필요한 것은 비난이나 처벌이 아니다. 경로로 다시 되돌리는 조치가 필요할 뿐이다.

우리는 덜 발달했거나 불완전한 상태인 존재를

사악하게 여길 때가 종종 있다. 우리에게 익숙해진 기존의 생각 방식 때문이다. 구근은 백합을 피워내지만 보기에는 흉하다. 그래서 볼 때마다 혐오감을 느끼는 사람도 있다. 하지만 백합이 그 안에 있음을 알면서도 생김새 때문에 구근을 비난하는 것은 얼마나 어리석은 행위인가? 구근은 그 범주에서는 완벽하다. 완벽하지만 아직 완성되지는 않은 백합일 뿐이다. 그러므로 우리는 겉보기에 아무리 흉한 남자와 여자라도 그 모습 그대로 존중하는 법을 배워야 한다. 그들은 그 존재 단계에서는 완벽하며 지금 완성을 향해 나아가고 있기 때문이다.

그러므로 보라, 이 모든 것이 매우 좋다.(창세기 1:31)

이 사실을 깨닫고 이러한 관점을 갖게 되면 사람을 흠잡고 판단하고 비판하고 혹은 정죄하려는 모든 마음이 사라진다. 우리는 더 이상 잃어버린 영혼을 구하는 사람들로서 일하는 게 아니라 영광스러운 천국의 완성을 이루려는 사람들로서 천사들과 함께 일하게 된다. 영靈 spirit으로 태어난 존재이니 절대자의 왕국을 보는 것이다. 더는 사람을 성장 경로가 이미 결정되어 개선의 여지가 없는 나무처럼 보지 않게 되므로 통찰이 완전해진다.

우리의 입에서는 좋은 말만 나온다. 위대하고 영광스러운 인류가 완성을 향해 접근하고 있는 것이니 모두 좋다.(창세기 1:31) 사람들과의 교제에서도 우리는 개방적이고 포용적인 태도를 보이게 된다. 사람을 위대한 존재로 바라보기 때문에 그들과 그들의 대소사에도 위대한 방식으로 대처하기 시작하는 것이다. 그러나 만약 우리가 이와는 다른 관점에 빠져서 사람을 길을 잃고 타락한 존재로 본다면, 우리의 마음은 좁아 들고 우리는 그 속으로 움츠러들게 된다. 사람과 사람의 대소사에 대한 우리의 대처 역시 작고 위축될 것이다.

좋게 보는 관점을 꾸준히 고수해야 함을 기억하라. 그렇게만 한다면 우리는 위대한 인격체가 우리의 지인과 이웃과 가족을 대하는 것과 동일한 방식으로 그들을 즉시 실패없이 대할 수 있게 된다. 우리 자신을 바라보는 관점도 이와 똑같아야 한다. 우리 스스로를 항상 위대한, 진보하는 영혼으로 보아야 한다는 뜻이다. 그러려면 다음처럼 말할 수 있어야 한다.

"내 안에는 나라는 존재를 이루는 근원물질이 있는데 그것은 불완전함, 나약함, 질병 등을 알지 못한다. 세상은 완성되지 않았으나 내 의식 속의 신은 완벽할 뿐만 아니라 완성되었다. 나 자신의 개인적 태도 외에는 아무것도 잘못될 수 없으며 내 개인적 태도는 내가 나의 내부에 있는 근원물질에 순종하지 않을 때에만 잘못될 수 있다. 나는 현재까지 나의 발전 단계에서는 나름 신의 완벽한 현현이며 나는 계속 진보하여 완성 단계에 이를 것이다. 나는 이를 믿을 것이고 두려워하지 않을 것이다."

우리가 이 말을 온전히 이해하고 말할 수 있을 때

우리는 모든 두려움을 떨쳐낼 것이며 위대하고 강력한 인격의 발달로 가는 길에서 훌쩍 앞서 나아가게 될 것이다.

제8장

신의 마음과 헌신

Consecration

　세상 및 동료인 인간들과 올바른 관계를 맺을 수 있는 관점을 가졌다면, 다음 단계는 헌신이다. 그런데 진정한 의미에서의 헌신이란 그저 영혼여기서 영혼은 일차적으로는 우리의 영혼, 그러나 우리의 영혼의 한계 때문에 궁극적으로는 신의 영혼, 즉 신의 원리를 의미에 대한 순종을 의미할 뿐이다. 우리 내부에는 항상 우리를 상승과 진보의 길로 추동하는 근원물질이 있다. 그 추동하는 근원물질은 신성한 힘의 원리신의 영혼이기에 우리는 그것에 무조건 순종해야 한다.

위대해지려면 우리 내면에 있는 어떤 것이 위대함으로 표출되어야 한다는 말을 부인할 사람은 아무도 없을 것이다. 그뿐만 아니라 내면에 있는 것 중 가장 위대하고 가장 고귀한 것이 보여져야 한다는 점에 대해서도 의문을 제기할 사람은 없다. 그렇다면 그것은 마음도, 지능도, 이성도 아니다. 가령 우리가 '이성의 힘을 추구하느라 내면으로 회귀하는 것'보다 '원리를 추구하면서 내면으로 더 깊이 회귀'할 수 없다면 우리는 위대해질 수 없다. 이성에 의지하는 것보다 원리에 더 깊이 의지하지 않는다면 위대해질 수 없다는 의미

이성에는 원리도 윤리도 없다. 쌍방의 어느 쪽이든 맡아 변론을 하는 법률가와 같다는 말이다. 도둑의 이성은 어느 성자의 이성이 위대한 자선 사업을 계획하는 것만큼이나 기꺼이 강도와 살인을 계획한다. 또한 지능은 우리가 어떤 올바른 일을 하는 최선의 수단과 방식을 찾도록 도와주지만 그 올바른 일자체가 무엇인지는 구분하지 못한다. 지능과 이성은

이타적인 사람이 이타적인 목적을 추구하도록 돕는 것만큼이나 이기적인 사람이 자신의 이기적인 목적을 추구하는 것도 기꺼이 돕는다. 원리에 구애받지 않고 지능과 이성을 사용하면 매우 유능한 사람이라는 평가는 받을 수 있을지 모르지만 진정으로 위대함의 힘을 보여준 인생을 산 사람이라는 평가는 절대 받지 못한다.

지능과 이성의 힘을 강화하는 훈련은 너무 많고 영혼즉 신의 원리에 순종하는 훈련은 너무 적다. 이 불비례가 우리의 개인적 태도를 망치는 유일한 요인이다. 지능 및 이성에 경도된 나머지 힘의 원리에 순종하지 않게 되는 것이다.

그럴 때는 자신의 중심으로 돌아가라. 모든 관계에서 무엇이 옳은지에 관한 순수한 생각을 찾을 수 있을 것이다. 위대해지고 힘을 갖기 위해서는 우리 내면에 있는 위대한 것들 중에서 발견한 그 순수한 생각에 우리의 삶을 일치시키는 것만이 필요할 뿐이다. 타협하면 그것이 무엇이든 상관없이 힘의 상실이 대가로 뒤따른다. 이것을 반드시 기억하고 있어야 한다.

우리의 마음속에는 우리가 이미 떨쳐버렸지만 습관의 힘 때문에 여전히 삶의 각종 행동을 좌우하는 생각들이 적지 않다. 이런 생각들에서 전부 벗어나라. 이미 떨쳐버린 생각일랑 전부 버려라. 또한 우리를 왜소하고 하찮은 기분이 들게 해서 행동마저도 계속 졸렬하게 하도록 만든다는 것을 뻔히 알면서도 여전히 따르게 되는 비열한 관습들 역시 적지 않다. 사회적 관습이기도 하고 다른 영역의 관습이기도 한데 역시 이것들도 모두 초월하라. 나는 지금 관례, 즉 일반적으로 받아들여지는 옳고 그름의 기준들을 절대적으로 무시해야 한다고 말하는 것이 아니다. 그것은 불가능하다. 하지만 주변 사람들 대다수를 얽어매고 있는 편협한 대부분의 규제로부터 우리의 영혼을 구할 수는 있다.

종교 단체든 다른 종류의 단체든 구태의연한 조직을 지지하는 데에 시간과 힘을 쏟지 말라. 믿지도 않는 교의나 신조에 얽매이지도 말라. 자유로워지라. 마음이나 몸에 얼마간 관능적인 습관이 생겼을 수도 있다. 그것들도 모두 버려라. 일이 조만간 잘못되거나 사람들이 우리를 배신하거나 혹은 부당하게 대할 것이라는 근거 없는 두려움에 여전히 빠진 상태일 수도 있다. 이것들도 모두 초월하라. 여전히 여러 면에서 여러 방식으로 이기적으로 행동할 수도 있다. 그런 행동도 멈춰라. 이 모든 것을 버리고 그 자리에 마음속으로 개념화할 수 있는 최선의 행동을 두어라. 발전하기를 욕망하지만 그렇게 하고 있지는 못하고 있다면 그저 실천이 생각만 못 하기 때문일 수 있음을 잊지 말라. 생각을 잘하는 것만큼이나 실천도 잘해야 한다.

먼저 생각이 원리에 의해 지배되게 하라. 다음으로 그 생각에 맞게 살아 나가라. 사업에서든, 정치에서든, 이웃의 일에서든, 그리고 각자의 가정에서든 머리에 떠오르는 최고의 생각을 태도에 그대로 표현하라. 남녀노소를 막론하고 모든 사람, 특히 가족을 대할 때는 상상할 수 있는 가장 친절하고 은혜롭고 정중한 태도를 취하라. 우리는 많은 신들과 함께하는 하나의 신이기에 그것에 맞게 행동해야 한다는 그 관점을 잊지 말라.

헌신을 완성하는 단계는 그 수도 적고 간단하다. 위대해지려면 아래로부터 지배를 받아서는 안 된다. 위에서 지배해야 한다. 육체적 충동의 지배를 받아서는 안 된다. 몸을 마음에 복종시켜야 한다. 하지만 원리가 없는 마음은 우리를 이기심과 부도덕의 길로 이끌 수 있다. 그러므로 마음을 영혼에 복종시켜야 하다. 나아가 우리의 영혼은 우리 지식의 한계에 의해 제한을 받지 못하도록 신의 영혼에 복종시켜야 한다. 신의 영혼의 눈앞에는 우주 삼라만상이 전부 펼쳐져 있어서 즉각적으로 모든 진리를 알기에 탐색

하여 이해할 필요조차 없는 까닭이다.

헌신은 이렇게 이뤄진다. 그러므로 다음과 같이 말하라: "나는 나의 몸을 마음에 넘겨 그 지배를 받도록 한다. 나는 나의 마음을 영혼에 넘겨 그 통치를 받도록 한다. 나는 나의 영혼을 절대자에게 넘겨 그 인도를 받도록 한다." 이 헌신의 과정을 끝까지 철저히 수행하라. 그러면 위대함과 힘을 향한 여정에서 두 번째 큰 발걸음을 내디딘 것이다.

제9장

신의 마음과 인식

Identification

첫째, 절대자를 자연, 사회, 그리고 동료 인간 속에서 진보하는 존재로 인식하고, 둘째, 우리 자신을 저 모든 것들과 융화하고, 셋째, 우리 안에 깃들어 가장 위대하고 가장 지고한 상태를 향해 추동하는 근원 물질에 우리 자신을 헌신하였으면, 다음 단계는 우리 안에 있는 힘의 원리가 절대자 자신이라는 사실을 전적으로 인식하고 알게 되는 것이다. 우리는 우리 자신을 의식적으로 절대자와 동일시해야 한다. 이 입장은 그릇되거나 사실이 아니어서 가정해야 하는 입장이 아니다. 인식되어야 하는 사실이다. 우리는 이미 신과 하나이다. 이는 의식적으로 알고 있어야 하는 사실이다.

모든 존재의 근원이 되는 하나의 물질이 있어 그 속에 모든 존재를 창조하는 힘이 원래부터 내재되어 있다. 이 물질은 의식이 있고 생각을 한다. 또한 작용함에 있어 이해하지 못하는 것이 없고 알지 못하는 것이 없다. 우리는 이것이 사실임을 안다. 왜냐면 우리는 물질이 존재한다는 것과 의식이 존재한다는 것을 이미 알기 때문이다. 그러므로 이 근원물질은 의식이 있는 물질일 수밖에 없다.

사람도 의식이 있고 생각을 한다. 그리고 사람 역시 물질이며 물질이어야만 한다. 물질이 아니라면 사람은 아무것도 아니므로 조금도 존재하지 않는 것인 까닭이다. 만약 사람이 물질이고 생각과 의식이 있다면 그 사람은 의식이 있는 물질일 수밖에 없다. 그런데 이런 모든 존재의 근원이 되는 의식 있는 물질이 하나 이상 있어야 한다는 것은 생각하기 어렵다. 따라서 사람이 곧 근원물질, 즉 물질의 형태로 구현된 모든 생명과 힘의 근원이다. 사람은 절대자와 다른 무엇일 수가 없는 것이다.

지혜는 어디에서나 하나이고 동일하며 모든 곳에서 동일한 실체의 속성이어야 한다. 무슨 말이냐면 절대자에게 있는 지혜의 속성과 사람에게 있는 지혜의 속성이 다를 수는 없다는 것이다. 지혜는 지혜로운 실체에만 존재할 수 있으니 그 지혜로운 실체는 곧 절대자이다. 사람은 절대자와 하나이고 동일한 존재이기 때문에 절대자에게 있는 모든 재능과 힘과 가능성은 사람에게도 있으며 그것도 소수의 예외적인 사람에게만이 아니라 모든 사람에게 있다. "하늘과 땅의 모든 권세가 사람에게 주어졌다.(마태복음 28:18)"[10] "너희는 신이라 기록되지 아니하였느냐?(시편

---

10. 정확히는 '하늘과 땅의 모든 권세가 나에게 주어졌다'이며 예수가 자신을 지칭하여 한 말이다.

82:6) **"11** 이처럼 사람에 내재한 힘의 원리는 사람 자신이며 그리하여 사람이 곧 신이다.

그러나 사람이 비록 근원물질이고 자신의 안에 모든 힘과 가능성을 가지고 있지만 그의 의식은 제한되어 있다. 알아야 할 모든 것을 알지는 못하므로 오류와 착오를 범한다. 이 오류와 착오로부터 스스로를 구하려면 사람은 자신의 마음을 그의 외부에 있으면서**12** 모든 것을 알고 있는 마음과 결합해야 한다. 절대자와 의식적으로 하나가 되어야 한다는 말이다.

숨 쉬는 것보다 더 밀접하고 손과 발보다 더 가까운 마음이 사방에서 사람을 둘러싸고 있으며 이 마음에는 선사시대 대자연에서 벌어졌던 최대의 격변에서부터 오늘날 참새 한 마리의 추락에 이르기까지 여태 일어났고 존재해 왔던 모든 것, 그리고 현재 일어나고 존재하고 있는 모든 것에 대한 기억이

---

11. 정확히는 '내가 말하노니 너희는 신이며 모두 지극히 높은 이의 아들들이다'이며 야훼의 말이다.

12. 정확히는 외부에 있는 동시에 사람의 안팎을 넘나든다.

있다. 또한 이 마음은 내부에 모든 자연의 배후에 있는 위대한 목적을 품고 있으며 그렇기에 앞으로 존재하고 일어날 일까지도 전부 알고 있다. 알아야 할 모든 것, 즉 과거와 현재, 그리고 미래를 아는 마음에 사람이 둘러싸여 있는 것이다. 인류가 여태 말하거나 행하거나 기록한 모든 것이 그리고 앞으로 말하거나 행하거나 기록할 모든 것이 그 마음에 존재한다. 사람은 이 마음과 똑같은 하나의 동일한 물질로 이뤄져 있다. 사람은 그 물질로부터 나왔으며 따라서 그는 자신을 이 마음과 동일시할 수 있어서 그것이 아는 것을 알 수도 있다. "나의 아버지는 나보다 더 위대하시다, (요한복음 14:28)" 예수는 또 말했다. "나는 아버지로부터 왔다.(요한복음 7:29)" "나와 아버지는 하나다.(요한복음 10:30)" "아버지는 그 아들에게 모든 것을 보여 주신다.(요한복음 5:20)" "영(the spirit)이 모든 진실로 너희를 안내할 것이다.(요한복음 16:13)"

우리가 우리 자신을 무한한 존재와 동일시하는 것

은 우리 쪽에서 의식적으로 인식함으로써 이루어져야 한다. 절대자만이 존재하고 모든 지혜가 하나의 근원물질에 있음을 사실로 인식한 뒤에는 다음과 같은 방식으로 확언해야 할 차례다. "하나의 존재만이 있으며 그 존재는 어디에나 있다. 나는 그 가장 높은 존재와의 의식적 융합에 나 자신을 바친다. 그 높은 존재는 내가 아니라 아버지시다. 나는 그 절대자와 하나가 되어 신성한 삶을 영위할 것이다. 나는 무한한 의식을 가진 존재이다. 오직 하나의 마음만이 있고 나는 그 마음이다. 네게 말하는 내가 그다.(요한복음 4:26)"

선행하는 모든 장chapter에서 설명한 것들을 철저히 수행해 왔다면, 그래서 참된 관점에 이르렀다면, 그리고 헌신이 완성되었다면, 의식적인 동일시를 달성하는 것이 어렵지 않음을 알게 될 것이다. 그리고 일단 동일시가 달성되면 우리가 구하고자 하는 그 힘은 우리의 것이 된다. 왜냐면 우리는 존재하는 모든 힘과 우리 자신을 하나로 만들었기 때문이다.

제10장

최고의 이상향을 생각하라

Idealization

    사람은 근원물질의 생각 중추 중 하나인데 근원물질의 생각에는 창조하는 힘이 있다. 그게 무엇이든 근원물질의 생각 속에서 형성된 것, 그래서 상념체thought-form로 유지되는 것은 눈에 보이는 형태, 즉 소위 물질적 형태로 존재해야 하며 생각하는 근원물질에서 계속 유지되는 상념체는 실재이다. 사람의 눈에 이제 보이게 되었든 아직은 보이지 않든 진짜로 존재하는 물체인 것이다. 생각하는 근원물질이 견지하는 생각은 실재이고 비록 눈에는 보이지 않을

지라도 실제로 존재하는 하나의 형태라는 것은 우리 뇌가 완전히 수긍할 때까지 머리에 각인시켜야 할 사실이다. 먼저 되고자 열망하는 자신의 형상을 마음속에 형성한다. 그다음으로 마음속에 품었던, 그러나 아직은 눈에 보이지 않을 수도 있는 물건들의 형상으로는 우리 자신을 온통 에워싸게 한다.

바라는 것이 있으면 그 형상을 분명히 마음으로 그려보고 그것이 명확한 상념체thought-form가 될 때까지 꾸준히 마음에 품으라. 이 실천이 뭔가 잘못되어 우리를 절대자와 분리시키지 않는 한 열망하던 그것은 물질적인 형태가 되어 우리에게 올 것이다. 이는 우주가 창조된 법칙에 따르는 것이라 그렇게 되지 않을 도리가 없다.

병이나 질환과 연결된 자신의 상념체는 만들지 말라. 건강과 연결된 자신의 상념체를 만들라. 강하고 원기왕성하며 완벽하게 건강한 자신의 상념체를 만들라. 이 상념체를 창조적인 지혜에 각인시키라.

이 실천이 우리 육체가 만들어진 법칙을 위반하지 않으면 그 상념체는 우리 육신에서 확실히 드러날 것이다. 이 역시 우주가 창조된 법칙에 따라오는 것 이기에 확실하다.

원하는 대로 자신의 상념체를 만들라. 상념체를 개념적으로 구체화하는 데에 투입되는 상상력이 허락하는 한, 바라는 이상적인 형태를 완벽에 가깝게 설정하라. 예를 들어 보자. 위대해지고자 하는 젊은 법대생이 있다면 그로 하여금 [앞에서 설명한 대로 관점, 헌신, 그리고 인식에 힘을 쓰게 하는 동시에] 무한한 진리와 지식, 그리고 지혜로 무장하고서 판사와 배심원단 앞에서 감히 누구도 견줄 수 없는 힘 있는 달변으로 사건을 변호하는 위대한 법률가로 자신을 상상하게 하라.

가능한 모든 상황과 우발 상황에서 자신을 위대한 변호사로 상상하게 하라. 어떤 경우에도 그 법대생은 여전히 학생일 뿐이지만 적어도 그의 상념체에서는 위대한 변호사라는 것을 잊거나 상상하지 못하는 일이 절대 없도록 하라. 그 상념체가 마음속에서 명확해지고 습관적이 됨에 따라 법대생의 내외부에 존재하는 창조적 에너지가 작동하기 시작한다. 그러면 내부에서는 그 상념체가 형상을 드러내기 시작하고 외부에서는 상념체가 형상을 드러내는 데에 필수적인 모든 것들이 법대생을 향해 추진되어 오기 시작한다. 그가 자신을 상념체의 형상대로 만드는 동안 절대자가 그와 함께 하기에 아무것도 그를 막을 수 없다.

마찬가지로 음대생이라면 자신을 완벽한 하모니를 연주하여 청중을 즐겁게 하는 존재로 상상하게 하라. 배우라면 연기라는 예술과 관련하여 그가 수행할 수 있는 최상의 연기를 개념화하고 그 개념을 자신에게 적용하게 하라. 농부든 정비공이든 이와 정확히 똑같이 하게 하라. 되고자 원하는 것의 이상적 형상을 정하라. 올바른 선택을 했는지를 충분히 심사숙고하여 확정하라. 즉 일반적으로 자신에게 가장 만족스러운 선택인지를 확인하라. 주변 사람들의 조언이나 제안에 너무 귀 기울이지 말라. 자신에게 무엇이 옳은지를 다른 사람이 자신보다 더 잘 알 수도 있다고는 믿지 말라. 다른 사람의 말을 경청은 하되 결론은 항상 자신이 내려라.

다른 사람들이 여러분의 미래를 결정하게 놔두지 말라. 되고 싶다고 스스로 느끼는 것이 되어라.

책무나 의무와 같은 잘못된 개념에 현혹되지 말라. 타인에 대한 책무나 의무가 아무리 막중하더라도 될 수 있는 최고의 존재가 되는 것이 방해를 받아도 될 정도는 아니다. 자신에게 진실하라. 그러면 다른 어떤 사람에게도 거짓될 수 없다. 되고 싶은 것이 무엇인지를 온전히 결정했다면 그 존재를 마음속으로 개념화하되 상상할 수 있는 가장 최고의 상태로 그렇게 하라. 그리고 그 개념을 상념체로 만들어라. 그 상념체를 하나의 사실로, 자신에 대한 진정한 진실로 여기고 믿으라.

　이와 반대되는 이야기에는 전부 귀를 닫으라. 사람들이 여러분을 바보, 몽상가라고 불러도 신경 쓰지 말라. 계속 꿈을 꾸어라. 창백하고 여위었던 보나파르트(물론 나폴레옹) 중위는 항상 마음속으로 자신을 군대의 장군이자 프랑스의 주인으로 여겼고 결국 현실에서 그 존재가 되는 데에 성공했다는 사실을 기억하라. 여러분도 마찬가지로 할 수 있다. 지금까지 설명한 모든 것에 주의를 기울이면서 다음부터 나올 내용에 맞게 행동하라. 그러면 되고자 원하는 사람이 될 것이다.

제11장

그 생각을 현실화하라

Realization

만약 앞장까지만 실천하고서 멈추는 사람이 있다면 그는 결코 위대해질 수 없다. 그저 꿈을 꾸는 몽상가, 망상가로만 머무르게 될 것이다. 너무 많은 사람들이 거기서 멈춘다. 그들은 비전을 실현하고 상념체를 구체화하려면 당장 행동하는 것이 필요함을 이해하지 못한다. 두 가지가 필요하다. 첫째는 상념체를 만드는 것이고 둘째는 상념체의 내부와 주변에 깃들어 상념체가 형상을 드러내는 데에 필수적인 모든 것을 실제로 확보하는 것이다. 상념체 내부에 깃드는 첫째에 대해서는 이미 다루었다. 이제는 둘째에 대해 이야기할 차례다. 상념체를 만들었다는 것은 이미 마음속으로는 원하는 존재가 되었다는 것이다. 그렇다면 다음으로는 외적으로도 원하는 존재가 실제로 되어야만 한다. 내면에서 우리는 이미 위대하다. 하지만 외적으로는 아직 위대한 일을 하고 있지는 않다.

즉각적으로 위대한 일을 하기 시작할 수는 없다. 우리는 자신이 위대한 배우, 변호사, 음악가, 또는 저명한 인사 등등이 되리라는 것을 알지만 세상에는 아직 그런 존재가 아니기 때문이다. 알려지지 않았기에 아직 아무도 우리에게 위대한 일을 맡기지는 않는다. 그러나 작은 일을 위대한 방식으로 처리하기 시작하는 것은 누구나 언제라도 할 수 있다.

바로 여기에 모든 비밀이 숨어 있다. 오늘 당장 집의 방구석에서, 그게 아니라면 일하는 가게나 사무실에서, 혹은 거리에서 즉 어디에서나 위대해지기 시작할 수 있다. 늘 하는 모든 일을 위대한 방식으로 함으로써 우리 자신을 위대한 존재로 알리기 시작할 수 있는 것이다. 아무리 작고 소소한 행동을 할 때도 이미 위대한 여러분의 영혼의 전력을 다하라. 그렇게 가족과 친구, 이웃에게 자신이 진정으로 어떤 존재인지를 드러내라. 뽐내거나 자랑하라는 이야기가 아니다. 여러분이 얼마나 위대한 인물인지를 말로 떠들고 다니지 말라. 그냥 행동으로 보여라. 위대한 방식으로 살아라. 입으로 '나 위대한 사람이오'라고 아무리 떠들어 봐야 누구도 믿어 주지 않지만 행동으로 보여 주면 아무도 여러분의 위대함을 의심할 수 없다. 당장 집안에서부터 공정하고 관대하고 예의 바르고 친절하게 행동하라. 가족, 아내, 남편, 자녀, 형제, 자매 할 것 없이 모두가 여러분이 얼마나 위대하고 고귀한 영혼의 소유자인지 알게 될 것이다. 사람들과의 모든 관계에서 위대하고 정의롭고 너그럽고 예의 바르고 친절하라. 위대한 사람들은 저렇지 않은 적이 없다. 바로 이것이 우리가 가져야 할 태도이다.

다음으로, 가장 중요한 부분인데, 진리에 대한 자신의 인식에 절대적 신념을 가져야 한다. 절대 서두르거나 급하게 행동하지 말라. 모든 일에 신중하고 느긋하라. 정도를 깨달았다고 느낄 때까지 기다려라. 그리고 일단 정도를 깨달았다는 느낌이 오면 온 세상이 반대한다 해도 자신의 신념을 믿고 밀고 나가라. 절대자가 작은 일에서 해 주는 말을 믿지 않는다면 더 큰 일에서 절대자의 지혜와 지식을 이용할 수는 없을 것이다. 어떤 행동이 옳다는 깊은 확신이 들면 실천에 옮기라. 그리고 결과가 좋을 것이라는 철저한 신념을 가져라.

어떤 것이 사실이라는 깊은 인상을 받았을 때는 그 겉모습이 아무리 그와 반대로 보이더라도 그것을 사실로 받아들이고 그에 따라 행동하라. 큰일에서 진리를 인식하는 법을 발전시키는 한 가지 방법은 작은 일에서 진리에 대한 현재 자신의 인식을 철저히 신뢰하는 것이다. 우리가 지금 개발하려고 하는 바로 그 힘은 진리를 인식하는 능력이라는 것을 잊지 말라. 절대자의 생각을 읽는 법을 배우고 있는 것이다. 전능한 존재의 눈에는 큰 것도 없고 작은 것도 없다. 그는 태양을 그 자리에 붙들고 있지만 참새 한 마리가 떨어지는 것 역시 주시하고 있고 또한 우리 머리털의 수까지 알고 있다.

절대자는 국가의 일만큼이나 일상생활의 작은 일에도 관심이 많다. 반대로 여러분도 가족과 이웃의 일상의 일뿐 아니라 정치 문제에 관한 진실 역시 인식할 수 있다. 그 첫걸음은 날마다 여러분에게 드러나는 작은 일들의 진리에 대해 완벽한 신념을 갖는 것이다. 모든 이성과 세속적 판단에 반대되는 것으로 보이는 길이라도 그 길을 택하지 않으면 안 된다는 강한 충동이 느껴지면 그 길을 택하라. 다른 사람의 제안과 조언에 귀를 기울이되, 항상 자신이 진정으로 해야 할 일이라고 가슴 깊이 느껴지는 것을 하라. 항상 진리에 관한 여러분 자신의 인식을 절대적 신념을 가지고 믿어라. 그러나 반드시 점검해야 할 것은 절대자를 향한 귀는 늘 열어놓을 것, 행동할 때 성급하거나 두려워하거나 불안해하지 않는 것이다.

삶의 그 어떤 사실에서든, 그 어떤 상황에서든 여러분의 진실 인식 능력을 믿고 따르라. 가령 어떤 사람이 어떤 날 어떤 장소에 있을 것이라는 느낌이 가슴 깊숙이 오거든 그 사람을 분명히 만나게 될 것이라는 신념을 가지고 그 장소에 가라. 아무리 얼토당토않은 일 같아도 그 사람이 정말 거기에 있을 것이다. 어떤 사람들이 어떤 조합을 만들고 있거나 어떤 일을 하고 있다는 확신이 든다면 그들이 실제로 그런 일을 하고 있다는 신념을 가지고 행동하라. 어떤 상황이나 사건의 진실에 관한 확신이 든다면, 그 상황이나 사건이 가깝든 멀든, 과거의 일이든 현재나 미래의 일이든 상관없이 여러분의 그 인식을 믿으라. 처음에는 자신의 내면에 대한 이해가 불완전하기에 가끔 실수를 할 수 있다. 하지만 조만간 거의 항상 올바르게 인도될 것이다.

곧 여러분의 가족과 친구들도 점점 더 여러분의 판단에 따르고 여러분의 인도를 받기 시작할 것이다. 곧 여러분의 이웃과 마을 사람들 역시 여러분을 찾아와 충고와 조언을 구할 것이고 여러분은 그 작은 일들에서 탁월한 사람으로 인정받게 될 것이며 더 큰 일을 맡으라는 요청을 점점 더 많이 받게 될 것이다. 여기에 필요한 모든 것은 어떤 일에서든 여러분 내면의 빛, 즉 여러분의 진리 인식 능력을 절대적으로 믿고 따르는 것이다. 자신의 영혼에 순종하라. 자신에 대하여 완벽한 신념을 가져라. 결코 자신을 의심하거나 불신하지 말라. 실수하는 사람으로 생각하지도 말라. "내가 심판하면 나의 심판은 의로우니 내가 영광을 사람에게서 구하지 아니하고 아버지께만 구하기 때문이다.(요한복음 5:30)"

제12장

서두름과 습관

Hurry and Habit

당연한 말이지만 사람들에게는 각종 문제가 많다. 가정 문제, 사회적 문제, 신체적 문제, 재정적 문제 등등이며 이 모두가 당사자에게는 곧장 해결해야 할 긴급한 문제처럼 보인다.

갚아야 할 빚이 있기도 하고 짊어져야 할 의무가 있기도 하다. 불행할 수도 있고 누군가와 불화 상태일 수도 있기에 뭔가를 즉시 해야만 한다고 느낄 수도 있다. 그렇다고 서두르거나 충동적으로 발끈해서 행동해서는 안 된다. 이런 모든 개인적 문제의 해결책에 관해서도 절대자를 신뢰할 수 있다. 서두를 필요가 없다. 절대자만이 존재하기에 이 세상 모든 것은 다 괜찮다.(창세기 1:31)

사람의 안에는 불굴의 힘이 있고 사람이 원하는 것들 안에도 똑같은 힘이 있다. 그 불굴의 힘은 사람이 원하는 것들을 사람에게 가져오고 사람을 사람이 원하는 것들에 가져간다. 사람 안에 깃든 지혜와 똑같은 지혜가 사람이 원하는 것들에도 있다는 것은 우리가 움켜쥐고서 놓지 말아야 할 생각이다. 우리 자신이 우리가 욕망하는 것들로 끌려가는 것만큼이나 강하게 우리가 원하는 것들도 우리에게 끌려온다는 것은 확고한 사실이다. 그러므로 뭔가를 욕망하여 지속해서 생각하면 그것들이 우리에게 끌려와 주위에 점차 쌓이는 경향이 있음은 틀림없다.

생각과 신념을 바르게 유지하는 한 모든 것이 잘 풀리지 않을 도리가 없다. 우리의 개인적 태도 외에는 잘못된 것이 있을 수 없지만, 만약 우리가 믿음을 가지고 두려워하지 않는다면 우리의 개인적 태도 역시 잘못되지 않을 것이다. 서두름은 두려움의 발현이다. 두려워하는 사람은 시간이 많지 않은 사람이다. 진리를 인식하는 자신의 능력을 완벽히 믿고 행동하면 너무 늦거나 너무 이른 일은 벌어지지 않으며 잘못되는 일도 전혀 없을 것이다. 일이 잘못될 것처럼 보이더라도 동요하지 말라. 겉모습일 뿐이다.

이 세상에서 잘못될 수 있는 것은 우리 자신 외에는 없다. 그리고 우리가 잘못되는 것은 잘못된 정신적 태도를 가질 때만이다. 흥분되거나 걱정되거나 조급한 마음가짐에 빠질 때마다 앉아서 곰곰이 생각하거나 게임을 하거나 휴가를 가져라. 여행이라도 떠나라. 돌아왔을 때는 모든 것이 괜찮아질 것이다.

조급한 마음가짐에 빠진 것이 확실하다면 그만큼이나 위대함의 마음가짐에서도 확실히 벗어난 것임을 알아야 한다. 조급함과 공포는 생기는 즉시 우주 정신과 우리 자신의 연결을 끊기에 진정될 때까지는 그 어떤 힘도, 지혜도, 정보도 얻지 못하게 된다. 그리고 서두르는 태도에 빠지면 우리 내부에 깃든 힘의 원리의 작용이 저지된다. 두려움은 강함을 약함으로 바꾼다.

태도와 힘은 불가분의 관계에 있음을 잊지 말라.

고요하고 균형 잡힌 마음이 강하고 위대한 마음이다. 서두르고 동요하는 마음은 약한 마음이다. 서두르는 마음가짐에 빠질 때마다 사물을 올바르게 판단하는 관점을 잃게 됨을 알아야 한다. 그래서 세상 전체든 혹은 그 일부든 잘못되어 가고 있는 것처럼 보이기 시작할 것이다. 그런 때가 오면 이 책의 6장을 읽어라. 이 저서가 지금 그대로 그 안에 담긴 모든 내용과 함께 완벽하다는 사실을 잊지 말라. 잘못되는 것은 아무것도 없다. 잘못될 수 있는 것도 아무것도 없다. 침착하라. 차분하라. 쾌활하라. 절대자를 믿어라.

다음으로 습관에 관하여 살펴보자. 사람이 맞닥뜨리는 가장 큰 어려움은 아마도 오래된 습관적인 사고방식을 극복하고 새로운 사고 습관을 형성하는 것이리라. 세상은 습관이 지배한다. 왕이든 폭군이든 주인이든 돈으로 권력을 잡은 자이든 자기 자리를 유지할 수 있는 것은 그저 국민이 그들을 습관적으로 받아들여 줬기 때문이다. 사물이 지금대로인 것도 사람들이 그것들을 지금처럼 받아들이는 습관을 들였기 때문이다. 사람들이 정부의, 사회의, 그리고 산업의 제도에 관한 습관적인 생각을 바꾸면 그들은 제도도 바꾼다.

습관이 우리 모두를 지배한다. 여러분은 아마도 자신을 평범한 사람, 제한된 능력을 갖춘 사람, 혹은 어느 정도는 실패한 사람이라고 생각하는 습관을 들였을 것이다. 여러분이 습관적으로 자신을 무엇이라고 생각하든 그것이 바로 여러분이다. 여러분은 바로 지금 더 위대하고 더 나은 습관을 들여야 한다. 자신을 무한한 힘을 가진 존재로 인식하고 습관적으로 스스로 그 존재라고 생각해야 한다. 여러분의 운명을 결정하는 것은 때가 되면 하는 생각이 아니라 습관적으로 하는 생각이다. 하루에 몇 번, 잠시 동안 자신이 위대하다고 확신하는 명상의 시간을 가져 봐야 평소일을 하는 나머지 하루 종일을 스스로 위대하지 않다고 생각하면 아무 소용이 없다. 여러분이 여전히 습관적으로 자신을 작은 존재로 생각하면 그 어떤 기도나 확언도 여러분을 위대하게 만들지 못한다.

기도를 하고 긍정의 확언을 하는 것은 생각의 습관을 바꾸기 위함이다. 종종 반복되는 행위는 그것이 정신적이든 신체적이든 습관이 된다. 정신 훈련의 목적은 특정 생각이 지속적이고 습관화될 때까지 그 생각을 계속해서 반복하는 것이다. 지속적으로 반복하는 생각은 확신이 된다. 여러분이 해야 할 일은 자신에 관한 새로운 생각을 반복해서 하는 것이다. 그것이 자신을 생각하는 유일한 방식이 될 때까지 말이다.

지금의 당신을 만든 것은 환경이나 상황이 아니

다. 습관적인 생각이다. 모든 사람은 자신에 대한 어떤 중심적 관념 즉 상념체를 가지고 있어서 이 관념에 따라 자신과 관련되는 모든 사실과 외적 관계를 분류하고 정리한다. 자신이 위대하고 강한 사람이라는 관념에 따라, 그게 아니라면 제한된 능력을 갖춘 보통 사람이거나 약한 사람이라는 관념에 따라 자신에 대한 사실들을 분류하는 것이다. 만약 후자에 해당한다면 자신의 그 중심적 관념을 바꿔야 한다.

자신에 관하여 마음속으로 완전히 새로운 그림을 그려라.

그저 낱말 몇 마디나 틀에 박힌 뻔한 문구를 반복하는 것으로 위대해지려고 하지 말라. 자신의 힘과 능력에 대한 생각을 계속해서 반복하라. 이 생각에 따라 외적인 사실들을 분류하게 되고 어디에서든 자신의 위치를 결정하게 될 때까지 말이다. 이 점에 관한 추가 지침과 어떻게 정신 훈련을 하는지 그 예시는 다른 장chapter에서 설명할 것이다.

제13장

신처럼 생각하라

Thought

위대함은 위대한 생각을 끊임없이 하는 것에 의해서만 얻을 수 있다. 누구도 내적으로 위대해질 때까지는 외적으로 위대해질 수 없다. 그리고 누구도 제대로 생각할 때까지는 내적으로 위대해질 수 없다. 아무리 많은 교육을 받고 책을 읽고 연구를 해도 생각하지 않고는 위대해질 수 없다. 그러나 생각을 하면 공부는 조금만 해도 위대해질 수 있다. 생각하지 않고 책을 읽는 것만으로 뭔가 대단한 인물이 되려는 사람들이 너무 많다. 그런 사람들은 모두 실패할 것이다. 정신적 발달은 읽은 것에 의해 이뤄지는 것이 아니다. 읽은 것을 생각하는 것에 의해 이뤄진다.

생각하는 것은 모든 노동 중에서도 가장 어렵고 사람을 가장 지치게 하는 노동이다. 수많은 이들이 생각하기를 꺼리는 것도 그래서다. 절대자는 사람을 생각하는 동물, 즉 끊임없이 생각에 끌리는 존재로 만들었기에 사람은 생각을 하거나 아니면 어떤 행동에 정신이 팔려서 생각을 벗어나거나 둘 중 하나여야 한다. 대다수 사람들이 여가 시간의 전부를 온통 쾌락을 좇는 데 무턱대고 다 사용하는 것도 그저 생각에서 벗어나고 싶어서이다. 사람이 혼자 남겨지거나 혹은 재미있는 소설이나 쇼 프로그램 등 관심을 끌 만한 재미있는 것이 아무것도 없는 상태가 되면 뭐든 생각을 하지 않을 도리가 없다. 이 생각을 하지 않으려고 사람들이 소설, 쇼 프로그램 등 오락거리들을 끊임없이 찾는 것이다. 사람들 대부분이 현재 그 모양 그 꼴인 것도 여가 시간의 대부분을 생각으로부터 도망치며 보내기 때문이다. 사람은 생각하기 시작할 때까지는 결코 앞으로 나아가지 못한다.

읽는 것을 줄이고 생각을 늘려라. 위대한 것들에 관해 읽으라. 그리고 위대한 질문과 논점에 대해 생각하라. 현재 우리나라의 정치권에 정말 위대한 인물은 거의 없다. 정치인이라는 사람들은 죄다 어중이떠중이일 뿐이다. 에이브러햄 링컨도 대니얼 웹스터Daniel Webster, 1782~1852[13]도 헨리 클레이Henry Clay, 1777~1852[14]도 존 C. 칼훈John C. Calhoun, 1782~1850[15]이나 앤드루 잭슨Andrew Jackson, 1767~1845[16]도 없다. 어째서일까? 현재 우리 정치인들은 윤리적으로 올바른지 여부에 대한 고려는 전혀 없이 돈, 정략, 정당의 성공,

---

13. 19세기 초반 미국을 대표하는 정치인 중 한 명. 연방 하원 의원, 매사추세츠주 연방 상원 의원, 국무장관을 역임. 본문에 곧이어 등장하는 헨리 클레이, 존 C. 칼훈과 함께 '불멸의 트리오(Immortal Trio)', '위대한 삼각동맹(Great Triumvirate)'이라 불림

14. 미국의 정치인. 켄터키주 하원의원과 상원의원 역임

15. 미국의 정치인. 부통령 역임

16. 미국의 정치인. 대통령 역임. 잭슨 민주주의라 하여 진정한 대중 민주주의를 시작한 선도자라는 긍정적인 평가와 원주민들을 학살(여자와 아이들까지 죽였음)한 살인마, 흑인 노예를 소유한 인종주의자라는 부정적인 평가가 공존

물질적 번영과 같은 더럽고 하찮은 문제만을 다루기 때문이다. 이런 식으로 생각하는 것은 위대한 영혼을 불러일으키지 못한다. 링컨 시대, 그리고 그 이전 시대의 정치인들은 영원한 진리, 인권, 정의에 관한 문제를 다루었다. 사람들은 위대한 주제에 대해 생각했다. 그들은 위대한 생각을 했고 위대한 사람이 되었다.

단순한 지식이나 정보가 아니라 생각이 인격을 만든다. 생각은 성장이다. 생각할 수 없으면 성장할 수도 없다.

모든 생각은 또 다른 생각을 낳는다. 생각 하나를 글로 적어 보면 곧 다른 생각들이 뒤를 따르고 그러다 보면 한 페이지가 금세 꽉 찬다. 생각의 원천인 사람의 마음은 그 깊이를 헤아릴 수 없다. 바닥도 경계도 없다. 처음 생각은 조잡할 수 있다. 그러나 생각을 계속할수록 자기 자신을 점점 더 많이 사용하게 된다. 무슨 말이냐면 새로운 두뇌 세포의 활성화 속도가 빨라지면서 새로운 능력이 생기게 된다. 이처럼 지속적으로 생각하기를 계속하는 사람 앞에서는 유전, 환경, 상황 등 그 어떤 것도 방해가 되지 못한다. 반면에 스스로 생각하기를 포기하고 남의 생각에만 기댄다면 자신이 무엇을 할 수 있는지는 결코 알 수 없게 된다. 즉 아무것도 할 수 없게 될 것이다.

자신만의 독창적인 생각 없이 진정한 위대함이란 있을 수 없다. 사람이 외부적으로 행하는 모든 것은 자신의 내부 생각의 표현이자 완성이다. 생각이 없이는 어떤 행동도 가능하지 않기에 위대한 생각이 먼저 있기 전에는 그 어떤 위대한 행동도 나올 수 없다. 행동은 생각의 두 번째 형태이고 생각이 실체화되면 성격이 된다. 여러분의 환경은 여러분 생각의 결과이다. 여러분 각자의 생각에 따라 여러분 주위에 뭉치고 배열된 사물들이다. 미국의 사상가 에머슨이 말했듯이 사람은 자신에 관한 어떤 중심적 생각 혹은 개념이 있어서 그것을 기준으로 삶의 모든 사실을 정리하고 분류한다. 따라서 이 중심 생각을 바꾸면 삶에 관한 모든 사실과 상황의 정리나 분류 역시 바뀐다.

우리가 현재의 우리가 된 것은 우리가 행하는 대로 생각도 하기 때문이고 우리가 현재의 위치에 있게 된 것 역시 우리가 행하는 대로 생각도 하기 때문이다.

그러면 앞선 장들에서 설명한 위대한 요소에 관해 생각하는 것의 중요성이 엄청나다는 것을 알 수 있다. 그 위대한 요소들을 어떤 식으로든 피상적으로 생각해서는 안 된다. 그것들이 여러분의 중심 생각의 일부가 될 때까지 지속해서 생각해야 한다. 가령 관점의 문제로 돌아가서 여러분이 완벽한 세상에서, 완벽한 사람들 사이에서 살고 있고 여러분 자신의 개인적인 태도 외에는 여러분과 관련해 잘못된 것이 있을 수 없다는 엄청난 생각을 모든 면에서 고려해 보라. 그것이 여러분에게 의미하는 모든 것을 완전히 깨닫게 될 때까지 하나도 남김없이 생각해 보라.

이 세상이 신의 세상이고 가능한 모든 세상 중 최고의 세상이며 신은 생태적, 사회적, 산업적 진화의 과정을 통해 세상이 지금의 완성 상태에 이르도록 인도해 왔으며 이 세상은 더욱 위대한 완성과 조화를 향해 여전히 나아가고 있음을 생각해 보라. 하나의 위대하고 완벽하며 지혜로운 생명의 원리, 힘의 원리가 있어서 우주의 모든 현상과 변화를 일으키고 있음을 생각해 보라. 이 모든 것이 사실임을 깨닫게 될 때까지, 그래서 이렇게 완벽한 전체를 구성하는 한 사람의 시민으로서 어떻게 살아야 하고 행동해야 하는지 이해하게 될 때까지 계속 생각해 보라.

다음으로 이 위대한 지혜가 여러분 안에 깃들어 있으며 여러분 자신의 지혜이기도 하다는 놀라운 진리를 생각해 보라. 그 지혜는 여러분을 옳은 것, 최고의 것, 가장 위대한 행위, 가장 높은 행복을 향해 추동하는 내면의 빛이다. 그것은 현존하는 모든 능력과 천재성을 여러분에게 부여하는 여러분 안에 깃든 힘의 원리이다. 여러분이 그 지혜에 순종하고 그 빛 가운데 걷는다면 그것은 틀림없이 여러분을 최고로 인도할 것이다. "나는 내 영혼에 순종하겠습니다."라고 말할 때 여러분 자신을 헌신하는 것이 무엇을 의미하는지 생각해 보라. 이것은 엄청난 의미를 지닌 문장이기에 보통 사람의 태도와 행동을 송두리째 바꾸지 않을 도리가 없다.

그다음 여러분이 이 위대한 절대자와 같은 존재임을 생각해 보라. 그저 원하기만 하면 절대자의 모든 지식이 여러분의 것이 되고 그 모든 지혜도 여러분의 것이 됨을 생각해 보라. 신처럼 생각하면 곧 신이다. 신처럼 생각하면 신처럼 행동하지 않을 수 없다. 신성한 생각은 반드시 외부로 드러나 신성한 삶으로 구체화된다. 즉 힘을 생각하면 힘으로 가득한 삶을 살게 될 것이다. 위대한 생각을 하면 위대한 인격체가 될 것이다.

　지금까지 말한 모든 것을 잘 생각해 보라. 그러면
행동할 준비가 된 것이다.

제14장

집에서의 행동

Action at Home

그저 앞으로 위대해질 것이라고만 생각하지 말라. 지금 당장 자신을 위대한 존재라고 생각하라. 미래의 어느 시점부터 위대한 방식으로 행동하기 시작해야겠다고 생각하지 말라. 지금 당장 시작하라. 환경이 달라지면 그때부터 위대한 방식으로 행동해야겠다고 생각하지 말라. 지금 있는 바로 그곳에서 위대한 방식으로 행동하라. 위대한 일이 주어지기 시작하면 위대한 방식으로 행동해야겠다고 생각하지 말라. 작은 일이라도 위대하게 처리하는 것부터 시작하라. 좀 더 지혜로운 사람들, 혹은 여러분을 더 잘 이해해 주는 사람들과 함께하게 될 때 위대해지기 시작할 것이라고 생각하지 말라. 지금의 주변 사람들과 위대한 방식으로 함께하기 시작하라.

만약 능력과 재능을 최대로 발휘할 수 없는 환경에 처해 있다면 적당한 때에 다른 환경으로 옮길 수 있다. 하지만 그때까지는 현재 바로 그 환경에서도 여전히 위대할 수 있다. 링컨은 대통령이었을 때 위대했던 것처럼 시골 변호사에 불과했을 때도 위대했다. 촌구석 변호사였지만 평범한 일들을 위대한 방식으로 해냈고 그랬기에 대통령이 된 것이다.

만약 워싱턴에 입성한 뒤에야 위대해지기 시작할 생각이었다면 그는 무명의 변호사로 여생을 마쳤을 것이다. 사람은 그가 머물게 된 장소나 주변의 환경 조건에 의해 위대해지는 것이 아니다. 타인의 조력에 의해 위대해지는 것도 아니다. 다른 사람들에게 의존하는 한 결코 위대함은 모습을 드러내지 않는다. 위대함은 홀로서기 시작할 때에만 제 모습을 드러낸다. 그게 물질이든 책이든 사람이든 외부로부터의 조력 따위에 의존할 생각을 모두 버려라. 에머슨도 말했다시피 "셰익스피어는 셰익스피어를 공부한다고 해서 될 수 있는 게 아니다." 셰익스피어가 되려면 셰익스피어라면 했을 법한 생각들을 생각해야한다.

가족을 포함하여 주변 사람들이 당신을 어떻게대할지 상관하지 말라. 그것은 여러분이 위대해지는것과 아무런 관련이 없다. 즉 그것은 여러분이 위대해지는 것을 방해할 수 없다. 그들은 은근히 여러분을 무시할 수도 있고 여러분이 뭘 해 줘도 당연한 권리라는 듯 고마워하기는커녕 여러분을 퉁명스럽게대할 수도 있다. 그래도 여러분은 그들을 대하는 태도와 매너에서 위대함을 잃어서는 안 된다.

예수는 말했다. "아버지께서는 은혜를 모르는 자들과 악한 자들에게도 인자하시다.(누가복음 6:35)" 어떤 신이 사람들이 고마운 줄도, 감사한 줄도 모른다고 토라져서 자리를 뜬다면 그 신이 위대할까? 감사할 줄 모르는 자들과 악한 자들에게도 신이 행하심과 같이 위대하고 완벽하게 친절한 방식으로 대하라. 여러분의 위대함에 대해 말하지 말라. 여러분은 본질적으로 주변 사람들보다 더 위대하지 않다. 그들이 아직 깨닫지 못한 생활 방식과 사고방식을 여러분이 먼저 깨쳤을 수는 있다. 그러나 그들 역시 그들 나름의 생각과 행동의 면에서는 완벽하다. 그 누구도 자신의 위대함에 관해 특별한 영예나 배려를 받을 자격이 없다.

여러분은 신이다. 그러나 다른 수많은 신들 가운데 있는 신이다. 타인의 결점과 실패를 목격하고 그것을 여러분 자신의 미덕과 성공과 비교하기 시작하면 자랑하는 태도에 빠지게 된다. 마음이 자랑하는 태도에 빠지면 위대해지는 것은 중단되고 퇴행하기 시작한다. 자신을 완벽한 존재로 여기되 다른 수

많은 완벽한 존재들 사이에서 그렇다는 것을 잊지 말라. 모든 사람을 나보다 우등하거나 열등한 사람이 아니라 동등한 사람으로 대하라. 나는 우월하다는 자의식을 버려라. 진짜 위대한 사람들이라면 절대 하지 않는 짓이다.

영예를 구하지 말고 인정을 구하지 말라. 영예와 인정은 받을 자격이 있다면 구하지 않아도 어느새 온다.

집에서 시작하라. 위대한 사람은 집에서도 항상 침착하고 당당하고 차분하고 완벽하게 친절하고 배려심 있는 사람이다. 여러분이 생각할 수 있는 최선의 매너와 태도로 가족들을 대할 수 있다면 다른 모든 사람들이 의지하는 사람이 되는 것은 시간문제다. 그런 사람은 곤란할 때 의지처가 되고 환난의 시간에 버팀목이 될 것이다. 사랑도 받고 감사도 받게 될 것이다. 동시에 타인을 위해 자신을 버리는 실수를 범하지 말라. 위대한 사람은 자신을 존중한다. 봉

사하고 돕지만 결코 노예처럼 다 맞춰 주지는 않는
다. 가족을 돕는다는 것은 가족의 노예가 되는 것도
아니고 그들이 마땅히 해야 할 일을 대신 해 주는 것
도 아니다.

지나치게 해 주는 것은 그 사람을 망치는 것이다.
이기적이고 까탈스러운 사람들은 그들의 이기와 까
탈이 거부될 때 훨씬 더 잘살게 된다. 이상적인 세상
은 다른 이들의 시중을 받는 사람들이 많은 세상이
아니다. 모든 사람이 자기 자신을 시중드는 세상이
다. 요구가 이기적이든 그렇지 않든 완벽한 친절과
배려로 모두 응대하라. 하지만 가족 중 누구라도 변
덕을 부리거나 멋대로 굴거나 까탈을 부리거나 노예
처럼 부려 먹으려 든다면 그것만큼은 절대 허용하지
말라. 그것은 위대한 행위가 아니며 상대에게도 피
해를 준다.

가족 중 누가 실수하거나 실패해도 불안해하지
말고 끼어들어야 하지 않을까 생각하지 말라. 다른

이들이 잘못되고 있는 듯 보이더라도 걱정하거나 개입해서 바로잡아야 하지 않을까 생각하지도 말라. 모든 이는 그들 나름으로는 완벽하다는 것을 잊지 말라. 신이 빚은 작품을 개선할 수는 없는 노릇이다. 아무리 가깝고 소중한 사람이라도 타인의 개인적 습관이나 관행에 참견하지 말라. 그런 것들은 여러분이 상관할 바가 아니다. 여러분의 개인적 태도 외에는 잘못될 수 있는 것이 아무것도 없다. 이 점을 깨달으면 다른 모든 것이 옳다는 것을 알게 될 것이다. 여러분이라면 하지 않을 일을 하는 사람들과 함께 살면서도 그들에 대한 비판이나 간섭을 삼갈 때 여러분은 진정으로 위대한 영혼이다.

해야 할 옳은 일을 하라. 여러분의 가족도 모두가 각자 해야 할 옳은 일을 하고 있다고 믿으라.

그게 어떤 사람이든 어떤 것이든 잘못된 것은 없다. 그러므로 보라. 이 모든 것이 매우 좋다. 다른 사람의 노예가 되지 말고, 무엇이 옳은지에 관한 여러분 자신의 견해에 다른 사람이 노예가 되는 일도 벌어지지 않도록 조심하라. 생각하라. 깊이 생각하고 지속해서 생각하라. 친절을 보이고 배려할 때는 완벽하라. 여러분의 태도가 열등한 존재들 사이에 거하는 신이 아니라 신들 사이에 거하는 신의 태도가 되게 하라. 이것이 여러분 자신의 집에서 위대해지는 방법이다.

제15장

밖에서의 행동

Action Abroad

가정에서 행동할 때 적용되는 규칙은 그 어디에서 행동할 때도 똑같이 적용되어야 한다. 이곳이 완벽한 세상이며 여러분은 신들 사이에 거하는 신이라는 사실을 한순간도 잊지 말라. 여러분은 가장 위대한 사람만큼 위대하지만 다른 모든 이들도 여러분과 동등하다.

진실에 관해서는 자신의 인식에 절대적으로 의존하라. 이성보다는 내면의 빛을 믿고 의지하라. 그러려면 당신의 인식이 분명히 내면의 빛에서 오는 것

이어야 한다. 침착하고 차분하게 행동하라. 경거망
동하지 말고 신을 섬기라. 근원물질의 절대마음과 자신
이 하나라는 사실을 깨달으면 각자의 삶에서 혹은
다른 사람들의 삶에서 일어날 수 있는 그 어떠한 긴
급 사태에도 대처할 지침이 되는 지식을 모두 얻게
된다. 이렇게 되는 데에 필요한 것이라고는 극도로 침착한
상태에 머물면서 여러분 내면에 깃든 영원한 지혜
에 의지하는 것뿐이다. 차분한 상태에서 신념을 가
지고 행동에 임하면 판단은 항상 올바르게 되고 무
엇을 해야 할지도 언제나 정확히 알게 될 것이다. 서
두르거나 걱정하지 말라. 전쟁의 암흑기에 처했던
링컨을 기억하라. 제임스 프리먼 클라크James Freeman
Clarke, 1810~1888[17]에 따르면 프레더릭스버그 전투Battle of
Fredericksburg[18]에서 북군이 대패한 뒤에도 오직 링컨만

---

17. 미국의 목사이자 신학자, 작가, 정치 개혁가. 다음의 말을 남긴 것으로 유명하다. "정
치꾼은 다음번 선거를 생각하고 정치가는 다음 세대의 일을 생각한다."
18. 1862년, 미국의 남북 전쟁 기간에 버지니아주 프레더릭스버그에서 벌어진 전투. 고지
대의 참호에서 도시를 방어하던 남군에게 북군이 정면 공격을 퍼부었으나 실패하여
막대한 손실을 보았다.

이 미국에 대한 신념을 잃지 않고 희망을 이야기했다. 전국 각지의 수많은 지도자들이 참담한 표정으로 그의 방에 들어갔다가 밝고 희망찬 표정으로 나왔다. 그들은 비록 까마득히 몰랐으나 지극히 높으신 분과 대면했고 이 호리호리하고 못생겼으나 인내심은 있는 사람에게서 절대자를 보았던 셈이다.

자신에 대해서, 그리고 자신의 능력에 대해서 완벽한 신념을 가져라. 그 어떤 조합으로 최악의 상황이 일어나더라도 대처할 수 있음을 믿으라. 혼자라고 낙담하지 말라. 친구가 필요하면 적시에 친구들이 나타날 것이다. 자신이 무지하다고 느끼더라도 당황하지 말라. 필요한 정보가 있으면 필요할 때 제공될 것이다. 여러분 내면에 깃들어 여러분을 앞으로 나아가도록 추동하는 바로 그 힘은 여러분이 필요로 하는 사물과 사람 안에도 깃들어 있어서 그들이 여러분을 향해 오도록 추동하고 있다. 꼭 알아야할 특정 사람이 있다면 그 사람이 여러분에게 소개

될 것이다. 꼭 읽어야 할 특정 책이 있다면 적시에 손에 넣게 될 것이다. 필요한 모든 지식은 내·외부 원천 모두에서 여러분에게 오고 있다.

여러분이 이용할 수 있게 될 정보와 재능은 사태의 해결에 필요한 정도에 항상 부응할 것이다. 예수가 제자들에게 그들이 재판관 앞에 끌려갔을 때 무슨 말을 해야 할지 걱정하지 말라고 말한 것(누가복음 12:11~12)을 기억하라. 그는 그 시간에 그들 안에 있는 능력이 사태를 해결하기에 충분해질 것임을 알았다. 여러분이 마침내 깨달아 자신의 능력을 위대한 방식으로 사용하기 시작하면 여러분은 그 즉시 자신의 두뇌 발달에 힘을 보태는 것과 같다. 새로운 세포가 생성되고 잠자고 있던 세포는 재빨리 활성화되어 두뇌는 의지가 사용하기에 완벽한 도구로서 자리매김하게 될 것이다.

위대한 일의 경우는 그 일을 위대한 방식으로 그

러나 편안하게[19] 해낼 준비가 될 때까지는 하려고 시도하지 말라. 위대한 일을 위대하지 못한 방식으로, 즉 관점이 아직 높지 못하고 헌신이 완전하지 못하고 신념이나 용기 모두 흔들리는 상황에서 처리하려고 들다가는 실패하게 된다. 위대한 일에 이르기 위해 서두르지 말라. 위대한 일을 한다고 해서 위대해지는 것이 아니다. 하지만 위대해지면 반드시 위대한 일을 하도록 인도된다. 지금 있는 바로 그곳에서 그리고 매일 하는 바로 그 일에서부터 위대해지기 시작하라. 위대한 인물로 알려지거나 인정받기 위해 서두르지 말라. 이 책의 지침을 실천하기 시작하고 한 달이 지나도록 여러분이 고위직에 지명되지 않더라도 실망하지 말라. 위대한 사람들은 절대 인정이나 박수갈채를 구하지 않는다. 위대해진 만큼 대가를 받고자 한다면 위대한 것이 아니다. 위대함은 그 자체로 충

---

19. 누군가 무엇을 쉽고 편안하게 해내는 것처럼 보인다면 그 일이 쉬워서가 아니다. 그 사람이 그것을 매우 잘하는 사람이기 때문이다.

분한 보상이다. 대단한 뭔가가 되는 기쁨, 그리고 여러분이 진보하고 있다는 것을 아는 기쁨은 인간이 누릴 수 있는 모든 기쁨 중 가장 큰 기쁨이다.

앞 장에서 설명한 대로 가정에서 먼저 시작한 다음 이웃, 친구, 직장에서 만나는 사람들도 가족에게 대하던 것과 똑같은 정신적 태도로 대한다면 곧 사람들이 여러분에게 의존하기 시작한다는 것을 알게 될 것이다. 그들은 여러분의 조언을 구할 것이고 점점 더 많은 사람들이 힘과 영감을 얻고자 여러분을 찾고 여러분의 판단에 의존할 것이다.

그러나 여기에서도 집에서와 마찬가지로 남의 일에는 참견하지 말아야 한다. 여러분을 찾는 모든 이들을 도와주되 그들을 선도하는 일에 오지랖을 부리지 말라. 여러분의 일에나 신경 써라. 사람들의 도덕, 습관 또는 관습을 바로잡는 것은 여러분이 해야 할 일이 아니다. 위대한 정신과 위대한 방법으로 모든 일을 하면서 위대한 삶을 살라. 구하는 자가 있거든 여러분이 받은 만큼 넉넉히 주되 여러분의 도움이나 의견을 누구에게도 강요하지 말라. 이웃이 담배를 피우거나 술을 마시기를 원하면 그것은 그의 일이다. 그 사람이 그 일로 여러분과 상의하기 전까지는 여러분과는 아무 상관이 없는 일인 것이다. 위대한 삶을 살지만 훈계하지 않는 사람은 별것 없는 삶을 살면서 끊임없이 훈계해 대는 사람보다 천 배는 더 많은 사람을 구원하게 될 것이다.

올바른 세계관을 가지고 있으면 평상시의 대화와 실천에 그 세계관이 드러나게 되는데 이를 발견한 사람들은 깊은 인상을 받게 될 것이다. 타인에게 여러분의 관점을 강요하지 말라. 그저 여러분의 관점을 고수하면서 그에 따라 사는 모습을 보여주라. 완벽한 헌신을 했다면 아무에게도 말할 필요가 없다. 평범한 보통 사람들의 눈에도 여러분이 한 단계 더 높은 원리에 의해 인도되고 있다는 것이 곧 명백히 보일 것이기 때문이다. 절대자와 완전한 일체화를 이뤘다면 남들에게 그 사실을 설명할 필요가 없다. 그들의 눈에도 자명하게 드러날 것이기 때문이다.

위대한 인격체로 알려지기 위해서는 그러한 인격체로 사는 것 외에 따로 할 일이 없다. 자신이 대단한 사람이라는 것을 증명하기 위해 돈키호테처럼 세상을 향해 돌진하거나 풍차를 향해 창을 겨누거나 모든 것을 뒤엎어야 한다고 생각하지 말라. 위대한 일을 사냥하러 다니지 말라. 지금 있는 그 자리에서, 그리고 매일 해야 하는 일상의 일에서 위대한 삶을 살라. 그러면 더 위대한 일들이 반드시 여러분을 찾아갈 것이다. 위대한 일들이 제 발로 찾아와 해결해 줄 것을 요구할 것이라는 말이다.

사람의 가치를 마음 깊이 명심하여 거지나 부랑자라도 최고의 예우로 대하라. 모든 사람이 신이다. 모든 이가 완벽하다. 타인을 대하는 여러분의 태도가 다른 신들을 대하는 신의 태도가 되게 하라. 가난한 사람들을 위한 배려를 아끼지 말라. 백만장자나 부랑자나 똑같이 훌륭하다. 이곳은 완벽하게 좋은 세상이기에 그 안에 완벽히 옳지 않은 사람이나 물건은 없다. 사람이든 사물이든 대할 때는 이 사실을 반드시 명심하라.

주의 깊게 자신의 미래 모습을 마음속으로 떠올려 보라. 먼저 되고자 원하는 자신의 상념체를 만들라. 그리고 그것이 실현되고 있다는 신념, 그리고 그 실현을 완성하고야 말겠다는 목적의식을 가지고서 그 상념체를 견지하라. 일상 행위 하나하나를 신이 하는 것처럼 하라. 단어 하나하나를 신이 말하는 것처럼 말하라. 남녀노소 지위 고하를 막론하고 사람을 대할 때는 신이 다른 신들을 만나는 것처럼 대하라. 이렇게 행동을 시작하여 꾸준히 지속하면 능력과 힘이 크고 빠르게 성장하게 될 것이다.

제16장

관점에 관한 추가 설명

Some Further Explanations

여기에서는 잠시 관점의 문제로 돌아가 보자. 매우 중요한 문제여서이기도 하지만 학생들에게 가장 큰 골칫거리가 될 수 있는 문제이기도 해서다. 우리는 세상을 폭풍에 밀려 바위투성이 해안에 난파된 배와 같다고 보는 관점에 길들어 있다. 결국 배는 완전히 부서질 수밖에 없고 할 수 있는 최선의 일이라고는 고작 승무원 몇 명을 구출하는 것이 전부라는 관점 말이다. 이렇게 된 데에는 저런 생각을 품고 있는 종교 교사들의 책임도 일부 있다. 이 관점은 우리로 하여금 세상이란 본질적으로 나쁜 것이며 점점 더 나빠지고 있다고 믿도록 가르친다. 현존하는 불화와 불협화음이란 지속하지 않을 도리가 없고 점점 도를 더하여 결국에는 파국에 이르게 된다는 것이다. 이 관점은 우리로부터 사회, 정부, 인류에 대한 희망을 앗아간다. 그 자리에는 암울한 전망과 움츠러든 마음만이 자리하게 될 뿐이다.

이런 관점은 전부 잘못이다. 세상은 난파된 적이 없다. 이 세상은 엔진이 제자리에 있고 모든 기계장치는 완벽한 상태를 유지하고 있는 훌륭한 증기선과 같다. 연료 창고는 석탄으로 가득하고 물자도 넉넉히 채워져 있어서 배가 운항하기에 뭐 하나 부족함이 없다. 절대자의 전지omniscience는 승무원의 안전, 안락, 행복을 위한 만반의 준비를 이미 갖춰 놓았다. 다만 누구도 어디가 올바른 방향인지를 아직 배운 적이 없어서 배가 넓은 바다를 이리저리 떠돌고 있을 뿐이다. 우리는 지금 배의 조종법을 배우고 있기에 때가 되면 배는 완벽한 조화의 항구로 당당하게 들어설 것이다.

세상은 좋은 곳이며 점점 더 좋아지고 있다. 현존하는 불화와 불협화음은 우리의 아직 미숙한 조종 능력 때문에 일어나는 배의 요동에 불과하기에 때가 되면 모두 사라질 것들이다. 이 관점은 우리에게 밝은 전망과 부푼 마음을 선사해 준다. 사회와 우리 자신을 위대한 존재로 생각할 수 있게 하고 그리하여 위대한 방식으로 일을 할 수 있게 한다.

더욱이 이런 세상에서는 우리 자신의 일을 포함하여 이 세상의 그 어떤 부분도 잘못된 것은 있을 수 없음을 깨닫게 해 준다. 모든 것이 완성을 향해 나아가고 있다면 잘못되어가고 있는 것이 아니다. 그리고 개인적인 일 역시 그런 전체의 일부이기에 잘못되어가고 있는 것이 아니다. 우리 자신과 우리와 관계된 모든 것이 완성을 향해 나아가고 있다. 이 진보의 움직임을 방해할 수 있는 것은 우리 자신 외에는

없다. 그런데 우리는 신의 마음과 반대되는 마음가
짐을 가질 때에만이 그 움직임을 방해할 수 있다. 그
러므로 우리 자신 외에는 올바르게 유지하려고 할
것이 아무것도 없다. 자신을 올바르게 유지한다면
우리와 관계된 그 어떤 것도 감히 잘못될 수 없다.
즉 두려워할 게 아무것도 없다. 우리의 개인적 태도
가 옳다면 그 어떤 성가신 일이나 재난도 우리에게
닥칠 수 없다. 왜냐면 우리는 성장하고 발전하는 것
의 일부이기에 우리 역시 그 전체와 더불어 성장하
고 발전하지 않을 도리가 없기 때문이다.

　게다가 우리의 상념체는 대부분 우주에 관한 우
리의 관점에 따라 형성될 것이다. 우리가 세상을 잃
어버리고 망가진 것으로 본다면 우리는 우리 자신
도 그런 세상의 일부로, 즉 그런 세상의 죄와 약점에
동참하는 존재로 보게 된다. 우리가 세상 전체를 절
망적으로 본다면 우리 자신에 대한 전망도 희망적일
수 없다. 우리가 세상을 파국을 향해 치닫는 상태로

본다면 우리 자신을 발전하는 상태로 볼 수는 없다. 우리가 절대자의 모든 행사를 좋게 생각하지 않는다면 우리 자신에 대해서도 진정으로 좋게 생각할 수는 없으며 우리 자신을 좋게 생각하지 않는다면 위대해지는 것 역시 불가능하다.

반복해 말하지만 우리가 누리는 물질적 환경을 포함하여 삶에서 우리의 위치는 우리가 습관적으로 스스로에 관해 가지는 상념체에 의해 결정된다. 사람이 자신에 관한 상념체를 만들 때는 그에 상응하는 환경을 마음속에 형성하지 않을 수 없다. 가령 자신이 무능하고 비효율적이라고 생각하는 사람은 자신을 둘러싼 환경 역시 결핍되고 천박하다고 생각하게 된다. 자신을 좋게 생각하지 않는 사람은 스스로를 상당히 빈곤에 시달리는 환경에 처한 것으로 그리지 않을 수 없게 된다. 습관적으로 유지되는 이러한 생각은 그 사람을 둘러싼 생각하는 물질 속에서 보이지 않는 형태가 되어 지속적으로 그 사람과 함께한다. 그래서 때가 되면 영원한 창조 에너지의 규칙적인 작용에 의해 그 눈에 보이지 않는 상념체는 물질로 생성되고 그러면 그 사람은 물질화된 자신의 생각에 둘러싸이게 된다.

자연을 살아 있고 발전하는 위대한 존재로 보라. 그리고 인간 사회도 정확히 같은 방식으로 보라. 자연이든 인간 사회든 모두 하나이고 하나의 근원에서 나왔으며 모두 좋다. 사람도 절대자와 같은 물질로 만들어진 존재이다. 절대자의 모든 구성 성분은 사람의 일부이기도 하다. 따라서 절대자가 가진 모든 능력 역시 사람을 이루는 것들 중 하나이다. 사람은 절대자가 행하는 것을 아는 것처럼 그와 마찬가지로 앞으로 나아갈 수 있는 것이다. 사람은 자신의 내부에 모든 힘의 근원을 가지고 있다.

제17장

생각에 관한 추가 설명

More About Thought

이 장chapter에서는 생각에 관해 좀 더 깊이 고려해 보고자 한다. 사람은 생각으로 위대하게 될 때까지는 결코 위대해질 수 없으며 따라서 사람은 생각해야 한다는 것이 가장 중요하다.

속으로 위대한 일을 생각할 수 없는데 겉으로 위대한 일을 할 수는 없다. 진리나 진실을 생각할 수 없는데 위대한 일을 생각할 수는 없다. 그러므로 위대한 일을 생각하려면 절대적으로 진실해야 한다. 여기서, 진실하기 위해서는 자신의 의도가 옳음을 알고 있어야 한다. 진실하지 못한, 즉 정직하지 못한 생각은 그 내용이 아무리 논리적이고 재기가 넘치더라도 결코 위대해질 수 없다.

따라서 밟아야 할 첫 번째 단계이자 가장 중요한 단계는 인간관계에서 진실을 구하는 것이다. 다른 사람들에게 자신이 어떠한 존재여야 하고 그 다른 사람들은 자신에게 어떠한 존재여야 하는지를 아는 것이 진실이다. 이는 올바른 관점을 찾는 문제로 우리를 되돌린다. 그러므로 위대해지려면 유기체의 진화와 사회의 진화를 공부해야 한다. 찰스 다윈Charles Robert Darwin, 1809~1882[20]과 월터 토마스 밀스Walter Thomas Mills, 1856~1942[21]를 읽으라. 그리고 읽을 때 생각하라! 생명체의 세계와 인간의 세계가 올바른 방식으로 보일 때까지 문제 전체를 숙고하라. 절대자가 뭘 하는지 알 수 있게 될 때까지 절대자가 행하는 것에 대해

---

20. 진화론에 가장 크게 기여한 영국의 생물학자이자 지질학자
21. 미국의 사회주의 행동가, 교육자, 작가 겸 언론인

생각하라.

다음 단계는 생각을 통해 올바른 개인적 태도를 갖는 것이다. 관점은 올바른 태도로 우리를 이끄는데 그 태도로 우리를 인도하는 것은 영혼에 대한 순종이다. 진실한 생각에 도달하는 것은 우리 안에 깃든 가장 높은 존재에 자신을 완전히 헌신함으로써만 가능하다. 목표가 이기적이었거나 의도나 실행이 어떤 식으로든 부정직하거나 왜곡되어 있었음을 우리가 스스로 아는 한 우리의 생각은 거짓일 것이며 아무런 힘도 가지지 못할 것이다. 우리가 일을 하는 방식에 대해 생각해 보라. 의도, 목적, 그리고 실천에 대해 하나도 빼놓지 말고 깡그리 생각해 보라. 그것들이 옳다는 확신이 들 때까지 생각을 멈추지 말라.

자신이 절대자와의 융합을 완성했다는 것은 깊고 지속적인 생각 없이는 누구도 파악할 수 없는 사실이다. 명제를 피상적으로 받아들이는 것은 누구나 할 수 있는 일이다. 그러나 그 명제를 느끼고 생생히 깨닫는 것은 전혀 다른 문제이다. 자신의 밖에서 절대자를 만난다는 생각은 하기 쉽지만 자신의 안에서 절대자를 만난다는 생각은 하기가 쉽지 않다. 그러나 절대자는 바로 그곳에 계시기에 자신의 영혼이 가장 고결하고도 고결한 곳이야말로 절대자를 대면할 수 있는 곳이다. 이는 엄청난 일이다. 우리에게 필요한 모든 것이 우리 안에 이미 있고 따라서 하고 싶은 일을 하거나 원하는 사람이 되기 위해서는 그 힘을 어떻게 얻어야 할지를 고민할 필요가 실은 없음을 말해 주고 있기 때문이다.

자신이 이미 가지고 있는 힘을 올바른 방식으로 사용하는 방법만 고민하면 되는 것이다. 그렇다면 당장 시작하는 것 외에 따로 할 일은 아무것도 없다. 이미 갖고 있는 자신의 진리 인식 능력을 사용하라. 오늘 진리의 일부를 볼 수 있을 것이다. 인식한 그 진리에 따라 충실히 살라. 그러면 내일이면 더 많은 진실을 보게 될 것이다.

우리 내면에 깃든 낡고 그릇된 생각들을 버리려면 사람의 진가, 즉 인간 영혼의 위대함과 가치에 대해 정말 많이 생각해야 한다. 그러려면 사람의 실수를 보지 말고 성공을 봐야 한다. 결점을 보지 말고 미덕을 봐야 한다. 더는 사람들을 길을 잃고 망가진 존재, 지옥으로 떨어지고 있는 존재로 봐서는 안 된다. 천국으로 올라가는 빛나는 영혼으로 봐야 한다. 이러기 위해서는 약간의 의지력 발휘가 필요하겠으나 이는 무엇에 관하여 생각할 것인지, 그 생각을 어떤 방식으로 할 것인지를 결정하기 위한 것이므로 정당한 의지력의 사용에 해당한다.

의지의 기능은 생각을 인도하는 것이기 때문이다. 사람들의 좋은 면, 즉 사랑스럽고 매력적인 면 등을 생각하라. 그 외에는 그들에 관하여 다른 어떤 부정적인 생각도 떠오르지 않도록 하는 데 의지력을 사용하라.

이 점에 있어서는 두 차례나 미국 사회당 대통

령 후보로 나선 바 있는 유진 V. 데브스Eugene V. Debs, 1855~1926[22]만한 사람을 나는 여태 본 적이 없다. 데브스는 사람을 존중한다. 그 어떤 도움의 요청도 헛되게 만드는 일이 없다. 그 누구도 그로부터 불친절하거나 비판 조의 말을 들어본 적이 없다. 그와 함께 있으면 그가 주변 사람들에게 얼마나 깊고도 따뜻한 관심을 기울이는지를 느끼지 않을 도리가 없다. 백만장자든 땟국물이 흐르는 노동자든 고된 노동에 파김치가 된 여성이든 구분 없이 진실하고 참된 형제애의 따뜻함이 전해지는 것을 느끼게 된다. 거리에

---

22. 미국의 노동조합 운동가이자 사회당원. 다섯 번이나 대통령 후보로 출마했고 오늘날까지도 가장 저명한 미국 사회주의자 중 하나로 손꼽힌다. 와틀스가 이 책을 출간했던 시기에는 두 차례 대통령 후보로 출마했던 상황이었다. 다음 데브스의 연설을 보면 와틀스가 데브스를 이토록 극찬하는 이유에 대한 힌트를 얻을 수 있다. "나는 노동자들의 지도자가 아닙니다. 나는 여러분이 나나 다른 누군가를 따르기를 원하지 않습니다. 만일 여러분이 이 자본주의의 황야에서 벗어나도록 이끌어 줄 모세를 찾으신다면, 지금 있는 그 자리에 그대로 남게 될 것입니다. 내가 여러분을 약속된 땅으로 인도할 수 있다고 해도 나는 하지 않을 것입니다. 내가 여러분을 이끌고 들어간다면, 누군가 다른 이가 여러분을 도로 이끌고 나올 수도 있는 까닭입니다. 여러분은 여러분의 머리와 손으로 현재의 상황에서 스스로 벗어나야 합니다." "존경하는 재판장님, 몇 년 전 본인은 모든 살아있는 존재가 나의 친족임을 깨달았고, 지구상에서 가장 변변찮은 자들보다 제가 나은 것이 털끝만큼도 없음을 알게 되었습니다. 그때 말했던 것을 지금도 말합니다. 하층계급이 존재한다면 내가 바로 그 계급에 포함될 것이요, 범죄 분자가 존재한다면 내가 바로 그 분자일 것이요, 감옥 안에 단 하나의 영혼이라도 갇혀 있다면 나는 자유롭지 않다고 말입니다."

서 누더기를 걸친 아이가 말을 걸어도 곧바로 부드
럽게 상대해 준다. 데브스는 사람을 사랑한다. 이런
태도 덕분에 그는 위대한 운동의 주역이자 수많은
이들의 사랑을 받는 영웅이 될 수 있었고 그의 이름
은 영원히 사람들의 기억에 남게 될 것이다. 사람을
이토록 사랑한다는 것은 위대한 일이고 생각에 따라
서만 달성되는 경지이다. 생각 말고는 우리를 위대
하게 만들 수 있는 것이 아무것도 없는 것이다.

"사상가는 스스로 생각하는 사람과 다른 사
람을 통해 생각하는 사람으로 나눠진다. 두
번째는 흔히 볼 수 있는 부류이고 첫 번째가
찾아보기 어려운 부류이다. 이 첫 번째야말
로 중층적 의미에서 독창적인 사상가이며 가
장 고귀한 의미로서의 에고티스트이다."

– 쇼펜하우어[23]

---

23. 아르투어 쇼펜하우어(Arthur Schopenhauer, 1788~1860): 독일의 철학자

"모든 인간의 핵심은 그의 생각이다. 겉으로는 아무리 강하고 거침없어 보이는 사람이라도 그에 관한 모든 사실들이 분류되기에 꼼짝없이 복종할 수밖에 없는 어떤 원리, 즉 생각이 있기 마련이다. 그래서 어떤 새로운 생각이 그 원리를 제어함을 보여줄 때만이 그 사람은 개선될 수 있다."

- 에머슨

"진정으로 지혜로운 생각들은 이미 다른 사람들도 셀 수 없이 많이 한 생각들이다. 하지만 그 생각이 진실로 우리의 것이 되려면 우리는 그것들이 뿌리를 내려 생각을 넘어 우리 자신의 표현이 될 때까지 정직하게 계속 반복해 생각해야 한다."

- 괴테[24]

---

24. 요한 볼프강 폰 괴테(Johann Wolfgang von Goethe, 1749~1832): 독일의 작가이자 철학자, 과학자

"어떤 사람의 겉으로 드러나는 모든 것은 그가 자신의 내부에 가지고 있는 생각의 표출이자 완성이다. 즉 그가 일에서 효과를 거둔다면 생각이 명료했다는 것이고 행동이 고귀하다면 생각이 고귀했다는 것이다."

- 채닝[25]

"위대한 사람이란 영혼의 힘이 그 어떤 물질의 힘보다 강함을 깨달은 사람이다. 그의 생각은 세상을 지배하게 된다."

- 에머슨

"인생을 몽땅 공부에 바치면 죽을 때가 될 때쯤 모든 지식을 배우게 된다. 생각하는 법만 제외하고."

- 도메르구에Domergue

---

25. 윌리엄 채닝(William Ellery Channing, 1780~1842): 미국의 대표적인 유니테리언주의(Unitarianism) 설교자. 유니테리언주의는 예수의 신성을 부정하여 삼위일체를 인정하지 않으므로 주류 기독교와 다르다.

"습관적 생각은 우리도 모르는 사이에 우리의 삶을 규정하는 틀이 되고 만다. 가장 친한 벗보다도 우리에게 더 많은 영향을 미친다. 우리 인생의 형성에 미치는 영향에서 가까운 친구들마저 우리가 품고 있는 습관적 생각에는 상대가 되지 못한다.'

- 틸 J.W.Teal

"신이 이 세상에 위대한 사상가를 내보낼 때는 모든 것이 위험에 빠진다. 그 어떤 과학도 내일 바로 논파될 수 있고 그 어떤 문학적 위상이나 소위 말하는 영원한 명성도 거부되거나 비난받게 될 수 있기 때문이다."

- 에머슨

생각하라! 생각하라!! 생각하라!!!

제18장

위대함에 대한 예수의 생각

Jesus' Idea of Greatness

마태복음 23장에서 예수는 참된 위대함과 거짓된 위대함을 아주 분명하게 구분했다. 또한 위대해지고 자 하는 모든 사람이 맞닥뜨리게 될 커다란 위험 하나도 지적한다. 진정으로 이 세상의 사다리를 오르고자 하는 사람이라면 누구나 반드시 피해야 하고 끊임없이 싸워야 하는 가장 교활한 유혹이다.

군중과 제자들을 향해 예수는 바리새인들의 원칙을 따르지 않도록 주의하라고 당부한다. 그는 바리새인들이 공정하고 정의로운 사람들이요, 존귀한 재판관이요, 참된 입법자이자 사람을 대하는 일에서는 정직하지만 그들은 "잔치에 가서는 가장 높은 자리에 앉고자 하고 장터에서는 사람들에게서 인사를 받고자 하며 선생님이라 불리는 것 역시 좋아한다"고 지적한다. 그리고 이런 지위를 추구하는 것이 바리새인들의 원칙이라면서 이와는 다르게 "너희 중에 위대한 자로 하여금 너희를 섬기게 하라.(마태복음 23:11)"고 말한다.

　사람들이 흔히 생각하는 위대한 사람은 남을 섬기는 사람이 아니라 남의 섬김을 받는 사람이다. 그는 사람들을 지휘하는 위치에 오른 사람, 즉 사람들에게 영향력을 행사하여 자신의 뜻에 순종하게 만드는 사람이다. 대다수의 사람들 눈에 다른 사람들에 대한 지배력의 행사는 위대한 일로 보인다. 이기적인 영혼에게 이것보다 더 달콤한 유혹은 없다. 이기적이고 미숙한 사람들은 하나같이 다른 사람들 위에서 군림하려 하고 지배력을 행사하려 한다는 것을 우리는 늘 깨닫게 될 것이다.

야만인으로서의 인간은 지상에 등장하자마자 서로를 노예로 삼기 시작했다. 세월이 거듭되어도 전쟁, 외교, 정치, 정부 기관 등에서 벌어지는 온갖 투쟁은 결국 다른 사람들에 대한 통제력을 확보하는 게 목표라는 사실은 변한 적이 없다. 역대 모든 왕과 군주들이 지배력과 권력을 확장해 더 많은 사람들 위에 군림하려 하면서 이 땅의 흙은 백성들의 피와 눈물로 흠뻑 젖지 않은 날이 없다.

오늘날 비즈니스 세계에서 벌어지는 투쟁도 지배 원리에 관한 한 100년 전 유럽 전쟁터에서 벌어졌던 투쟁과 다를 게 없다. 로버트 잉거솔Robert G.Ingersoll, 1833~1899[26]은 록펠러John D.Rockefeller, 1839~1937[27]나 카네기 Andrew Carnegie, 1835~1919[28] 같은 사람들이 평생 펑펑 써도 못다 쓸 돈을 이미 벌었으면서도 무엇 때문에 돈을 더 벌려 하고 그래서 스스로 비즈니스 투쟁의 노

---

26. 미국의 법률가이자 작가, 불가지론자
27. 스탠더드 오일(Standard Oil)을 창립한 미국의 사업가이자 대부호
28. 미국의 철강 재벌

예가 되기를 자처하는지 이해할 수 없었다. 그는 그
것을 일종의 광기라고 생각하여 다음과 같이 예를
들어 설명했다. "바지 5만 벌, 조끼 7만 5천 벌, 외투
10만 벌, 넥타이 15만 개를 가지고 있으면서도 넥타
이 하나를 더 갖고자 아침에 해가 뜨기도 전에 일어
나 저녁에 깜깜해질 때까지 비가 오나 눈이 오나 날
이 맑으나 궂으나 매일 일을 하는 사람이 있다면 어
떤 생각이 드는가?"

그러나 이것은 좋은 비유가 아니다. 넥타이를 소
유한다고 해서 다른 사람들에 대한 지배력을 얻지는
못하지만 달러를 소유하면 지배력을 얻게 되는 까닭
이다. 즉 록펠러나 카네기와 같은 사람들이 추구하
는 것은 실은 달러가 아니라 권력인 것이다. 바로 이
것이 바리새인들의 원칙이다. 군림하는 자리를 차
지하려는 투쟁 말이다. 우리가 바리새인들의 원칙을
따르면 유능한 사람, 교활한 사람, 지략이 있는 사람
은 될 수 있어도 위대한 사람은 될 수 없다.

나는 여러분이 위대함에 대한 이 두 가지 생각을 마음속에서 날카롭게 비교해 보기를 바란다. "너희 중에 위대한 자로 하여금 너희를 섬기게 하라." 내가 만약 평범한 미국인 청중 앞에 서서 가장 위대한 미국인의 이름을 묻는다면 대다수가 에이브러햄 링컨을 떠올릴 것이다. 이는 공직 생활에서 그동안 우리를 섬겨 왔던 그 어떤 사람보다도 우리가 섬김의 정신을 발견하는 사람은 링컨이기 때문이 아닌가?

노예와 같은 굴종이 아니라 섬김을 말하는 것이다. 링컨이 위대한 사람이 될 수 있었던 것은 그가 위대한 하인이 되는 법을 알았기 때문이었다. 능력 있고 냉철하며 이기적이고 군림하는 지위를 추구했던 나폴레옹은 명석한 사람이었다. 그러나 링컨은 위대했으되 나폴레옹은 그러지 못했다. 사람에게 가장 위험한 때는 발전하기 시작하는 순간, 그리고 또한 훌륭한 방식으로 일을 처리하는 사람으로 인정받는 순간, 바로 그 순간이다. 사람을 가르치려 들거나 충고를 하고 싶은 유혹, 남의 일을 좌지우지하고 싶은 유혹은 가끔씩 저항하기가 거의 불가능에 가까운 게 사실이다. 하지만 이와 반대로 남을 섬기기 위해 자신을 완전히 버리는 것, 즉 비굴한 노예 상태에 빠질 위험 역시 피해야 한다. 노예 상태에 빠지는 것은 사실 내내 수많은 사람들의 이상이었다. 완벽한 자기희생적인 삶은 그리스도와 같은 삶이라고 여겨져 왔기 때문이다. 하지만 내가 생각하기에 이는 예수의 성품과 가르침을 완전히 오해한 결과다. 이 오해에 대해서는 나의 졸저 《새로운 그리스도》에서 이미 설명한 바 있으므로 여러분도 언젠가는 모두 읽어보기를 바란다.

수많은 사람들이 자신을 낮추고 다른 모든 것을 포기한 뒤 선을 행하면서 예수를 본받았다고 생각하는데 이는 가장 지독한 이기심만큼이나 위대함과는 거리가 먼, 참으로 병적인 이타주의를 실천한 것에 불과하다. 타인의 고통과 괴로움의 외침에 반응하는 섬세한 본능만이 우리의 전부가 아니며 그런 본능이 인간성 중에서 가장 뛰어난 부분인 것도 아니다. 위대한 사람이라면 삶과 행동의 상당 부분을 남을 돕는 데 바쳐야 한다는 것은 사실이다. 하지만 불행한 사람들을 돕는 것 말고도 우리가 해야 할 일들은 많다. 여러분이 발전하기 시작하면 많은 이들이 여러분을 찾아올 것이다. 그들을 그냥 돌려보내지 말라. 하지만 완전한 자기희생의 삶이 위대함의 길이라 생각하는 치명적인 잘못 역시 저지르지 말라.

화제를 약간 바꾸기 위해 근본적 동기에 대한 스베덴보리Emanuel Swedenborg, 1688~1772[29]의 분류가 예수의 분류와 정확히 일치한다는 점을 이야기해 보자. 그는 모든 사람을 두 무리로 나누었다. 순수한 사랑 속에서 사는 사람들과 스베덴보리의 표현을 빌리자면 '자기 사랑을 위한 권력의 사랑' 속에서 사는 사람들

---

29. 스웨덴의 신학자이자 과학자, 태양계의 형성에 대한 가설인 성운 가설을 제창했다. 27년 동안 지속된 영적 체험을 한 뒤 이 경험을 35권의 신학 저술로 남겼다.

이 그것이다. 후자의 사랑은 바리새인들에게서 우리가 보았던 지위와 권력에 대한 욕망과 정확히 동일한 것임을 알 수 있다. 스베덴보리는 사람을 지배하기 위한 지위와 권력을 향한 이 이기적인 사랑을 모든 죄의 원인으로 보았다. 이것이 인간 마음속에 깃든 유일한 악한 욕망이며 그로부터 다른 모든 사악한 욕망들이 솟아난다는 것이다.

이와 상반되는 자리에 그가 두는 것은 순수한 사랑이다. 그가 말하는 것은 절대자의 사랑이나 사람의 사랑이 아니다. 그저 사랑이다. 거의 모든 독실한 종교인들은 사람에 대한 사랑과 섬김보다 절대자에 대한 사랑과 섬김을 더 많이 한다. 그러나 절대자에 대한 사랑은 사람을 권력욕으로부터 구하는 데는 충분하지 않다는 것이 사실이다. 왜냐면 절대자를 가장 열렬히 사랑하는 사람들 중 상당수는 최악의 폭군이었기 때문이다.[30] 절대자를 사랑하는 사람들은

---

30. 제정일치 사회나 사이비 종교 교주 등에서 자주 나타난다.

종종 폭압적인 경향이 있고 사람들을 사랑하는 사람들은 종종 오지랖이 넓고 주제넘는 경향이 있다.

제19장

신의 마음과 진화의 관점

A View of Evolution

그러나 다른 많은 사람들이 그렇듯 우리 주변에 가난, 무지, 고통 등 온갖 비참한 모습들이 가득하다면 어떻게 이타적인 일에 몸을 던지지 않을 수 있겠는가? 굶주려 뼈만 앙상한 손이 사방에서 뻗어 나와 도와달라고 애걸하는 곳에 사는 사람이 베푸는 일을 그만두기란 쉬운 일이 아니다. 다시 말하자면 사회적으로든 경제적으로든 다른 어떤 면으로든 온갖 부정이 행해지고 있고 약자에게 불의가 가해지는 것을 목격하게 되면 정의감이 넘치는 사람의 경우 일을 바로잡아야겠다는 열망으로 불타오르지 않을 도리가 없다. 성전을 시작하고 싶어지게 되는 것이다. 즉 우리 자신을 그 일에 온전히 바칠 때까지는 잘못이 시정되는 일은 결코 없을 것이라 느끼게 된다. 이런 현상이 벌어질 때 우리가 되돌아가야 하는 것이 바로 관점이다. 이 세상은 나쁜 세상이 아니라 좋은 세상인데 다만 형성의 과정에 있는 중임을 기억해야 한다.

지구상에 생명이 없던 시기가 있었다는 데에는 의심의 여지가 없다. 지구가 한때는 불타는 가스와 끓는 증기로 뒤덮인, 녹아내리는 암석 덩어리였다는 지질학의 증언은 논쟁의 여지가 없는 사실이다. 그리고 우리는 그런 상태에서 어떻게 생명이 존재할 수 있게 되었는지 알지 못한다. 불가능해 보이는 일이었다. 지질학에 따르면 나중에 지구가 식으면서 단단해지자 지각이 형성되었고 증기는 응결하여 안개가 되거나 비가 되어 떨어졌다. 식어 단단해진 표

171

면은 무너져 흙으로 변했고 한 군데에 모인 습기는 연못이 되고 바다가 되었으며 마침내 물속 어딘가 혹은 육지의 어딘가에 살아 있는 뭔가가 나타났다.

이 최초의 생명이 단세포 유기체들 속에 있었다고 가정하는 것은 합리적이지만 그 하나의 세포 뒤에는 자신을 표현하고자 하는 위대한 하나의 생명, 즉 영Spirit의 끈질긴 충동이 있었다. 그리고 얼마 지나지 않아 세포 하나로 자신을 표현하기에는 가진 생명이 너무 많아진 유기체들이 두 개의 세포를 갖게 되었고 두 개가 네 개, 여덟 개 등 수많은 세포들로 확장하면서 더 많은 생명이 그 세포들 속으로 쏟아져 들어왔다.

이렇게 다세포 유기체가 형성되었다. 바로 식물, 나무, 척추동물, 포유류 등인데 그들 중 상당수는 기묘한 생김새를 하고 있었지만 그들 모두 나름으로는 완벽했으니 절대자가 창조한 다른 모든 것이 완벽한 것과 같았다. 물론 조잡하고 거의 괴물에 가까운 생김새를 한 동식물이 있었다는 것에는 의심의 여지가 없지만 그 모든 생명은 그 시대에 자신의 목적을 다 하였기에 좋지 않은 생명이 없었다.

그리고서 다른 날이 왔다. 진화 과정의 위대한 날, 새벽 별이 함께 노래하고 신의 아들들이 마지막[31]의 시작을 바라보며 기뻐 외치는 그날이 왔으니 태초부터 목적한 대상이었던 사람이 지구상에 나타났기 때문이다. 유인원 같은 존재, 생김새에서는 주변의 짐승들과 조금 다르지만, 성장과 생각의 능력에서만큼은 무한히 다른 바로 그 존재 말이다. 예술과 아름다움, 건축과 노래, 시와 음악, 이 모든 것이 그 원인猿人 apeman의 영혼에서는 아직 실현되지 않은 가능성이었다. 그리고 그의 시대에 그는 나름으로 매우 위대했다.

"너희 안에서 행하시는 이는 하나님이시니 자신

---

31. '마지막 창조물' 즉 사람을 뜻하지만 원문의 중의적 의미를 살리고자 일부러 '마지막' 으로 문자 그대로 번역했다.

의 선한 기쁨에 맞게 너희의 뜻과 행위 모두를 인도
하신다.(빌립보서 2:13)"고 사도 바울로**32**는 말한다. 사람
이 처음 나타난 날부터 절대자는 사람 안에서 운행
하기 시작했고, 사람들의 세대가 거듭됨에 따라 운
행을 점점 늘려가면서 사람이 사회적으로나 정치
적으로나 가정적으로 더 나은 환경에서 더 많이 성
취하도록 인도했다. 고대 역사를 통해 먼 과거에 야
만, 우상 숭배, 고난 등 끔찍한 상황이 존재했음을
확인한 사람들은 이런 것들을 신과 엮어 독해하면
서 신은 사람에게 잔인하고 부당했다고 느끼는 경향
이 있는데 잠시 멈춰서 다시 생각해야 한다. 원인猿人
apeman에서부터 그리스도의 등장에 이르기까지 인류
는 발전하지 않으면 안 되었다. 그리고 그 발전은 사
람의 두뇌에 잠재된 다양한 힘과 가능성이 지속해서
펼쳐짐으로써만 달성될 수 있었다.

　신은 자신을 표현하고자 원했기에 형태를 갖춰

---

32. 바울 혹은 바오로를 지칭

살고자 했고 따라서 아무 형태나 괜찮았던 게 아니라 도덕적으로나 영적으로나 자신을 가장 높은 차원으로 표현할 수 있는 형태 속에서 살고자 했다. 즉 신으로 살 수 있고 신으로 자신을 드러낼 수 있는 형태를 진화시키고자 했던 것이다. 바로 이것이 진화의 목표였다. 전쟁, 유혈 사태, 고통, 불의, 그리고 잔인함의 시대는 시간이 지남에 따라 사랑과 정의를 통해 여러 면에서 완화되었다.

그리고 이는 신의 사랑과 정의를 온전히 표현할 수 있어야 하는 지점까지 사람의 두뇌를 발달시키고 있었다. 마지막[33]은 아직 미완이다. 신의 목표는 상인들이 상자의 밑쪽에는 작은 과일을 상자의 위쪽에는 큼직한 과일들을 두는 것처럼 몇몇 선택된 자들만을 마치 전시하듯 완성하는 것이 아니다. 인류라는 종 전체를 영화롭게 하는 것이다. 신의 왕국이 지상에 세워질

---

33. 신의 아들들이 그 시작을 바라보며 기뻐 외쳤던 바로 그 마지막 존재, 즉 인간

때가 올 것이다. 파트모스섬으로 추방된 이[34]가 꿈 속에서 보았던 그 시대, 더는 통곡이 없고 더는 고통이 없으며 이전 것들은 다 사라지고 더 이상 밤이 없는 그 시대 말이다.

---

34. 요한계시록의 저자를 지칭

제20장

신의 섬김: 나와 타인에 대한 의무

serving god

내가 앞의 두 장chapter을 통해 여러분을 여기까지 이끌고 온 것은 의무 문제를 최종적으로 해결하려는 목적에서였다. 이 의무 문제는 성실하고 진실된 수많은 사람들을 헷갈리고 당혹스럽게 하고 해결에 엄청난 어려움을 준다.

범상치 않은 인물이 되기 위해서 위대해지는 과학을 막상 실천하기 시작하는 사람들은 많은 관계를 재정립하지 않으면 안 됨을 깨닫게 된다.

아마도 손절해야 할 친구가 있겠고 여러분에 대

한 오해를 거듭하다가 어떤 식으로든 자신이 무시당하고 있다고 느끼는 친지도 있을 것이다. 정말 위대한 사람이 상당히 많은 주변인들로부터 이기적이라는 오해를 받는 일은 드물지 않다. ㄱ 위대한 사람이 그들에게 현재 해 주고 있는 것보다 더 많은 것을 해 줘야 한다고 생각하는 사람들이다. 그러므로 시작 단계에서 던져야 할 질문은 다음과 같다. 다른 것들이야 어찌 되든 말든 나 자신을 최고로 계발하는 것이 나의 의무인가? 그게 아니라면 마찰 없이 혹은 다른 누구에게도 손실을 입히지 않고 그렇게 할 수 있을 때까지 기다려야 할까? 이는 자신에 대한 의무 대 타인에 대한 의무의 문제이다.

세상에 대한 의무는 지금까지 충분히 이야기했기에 이제는 신에 대한 의무라는 개념에 관하여 좀 살펴보고자 한다. 신을 위해 무엇을 해야 하는지에 대해 불안까지는 아니더라도 거의 아무런 확신을 가지지 못하는 사람들이 엄청나게 많다.

이곳 미국에서도 교회 사역 등의 방식으로 신을 위해 엄청난 양의 사역과 섬김이 행해지고 있다. 소위 신을 섬기는 일에 사용되는 인간 에너지의 양 역시 막대하다. 나는 신을 섬기는 것이 무엇이며 사람이 어떻게 해야 신을 가장 잘 섬길 수 있는지를 간략히 고찰할 것이고 신을 섬기는 것이 무엇인지에 대한 인습적인 생각이 모두 잘못되었음도 분명히 밝힐 수 있을 것이라 생각한다.

모세가 히브리인들을 속박에서 구출하려고 이집트로 내려갔을 때, 신의 이름으로 파라오에게 요구한 것은 "백성이 나를 섬길 수 있도록 내보내라"는 것이었다. 신은 이렇게 풀려난 그들을 광야로 인도했고 그곳에서 새로운 예배 방식을 실행하게 했다. 이로 인해 많은 이들이 예배가 곧 신을 섬기는 것이라고 생각하게 되었다. 하지만 후에 신은 예식, 번제, 예물 등은 아무래도 상관이 없으며 예수의 가르침을 올바르게 이해하기만 한다면 조직화된 성전 예배는 모두 사라져도 좋다고 분명히 선언하였다.³⁵ 신은 사람이 신을 위해 손으로든 몸으로든 목소리로든 해 주는 그 어떤 것도 사실은 전혀 부족하지 않다. 사도 바울로도 신은 아무것도 필요로 하지 않기에 사람이 신을 위해 할 수 있는 일 역시 아무것도 없다고 지적한 바 있다. (사도행전 17:24~25)

우리가 채택한 진화론의 관점은 신이 사람을 통해 자신을 표현하고자 함을 보여 준다. 신의 영靈 spirit 이 여러 시대에 걸쳐 사람을 발전하도록 촉발한 이래로 지금에 이르기까지 신은 내내 자신을 표현하고자 하지 않은 적이 없다. 그리하여 사람의 모든 세대는 그 이전 세대에 비하면 더 신과 같다. 그 어느 세대에서도 좋은 집, 쾌적한 환경, 마음에 드는 일, 휴식, 여행, 학습 기회 등에서 이전 세대보다 더 많은 것을 요구하지 않은 사람들은 없다.

---

35. 다음과 같이 성서의 여러 곳에서 근거를 찾아볼 수 있다. 호세아 6:6, 이사야 1:11~17, 미가 6:6~8, 마태 5:23~24, 마태 12:7

나는 일부 신중하지 못한 경제학자들이 오늘날의 노동자들은 전적으로 만족하지 않을 이유가 없다고 주장하는 것을 들었다. 창문도 없는 오두막에서 골 풀을 깐 맨바닥에 누워 기르는 돼지와 한 방에서 잠을 잤던 200년 전의 노동자들에 비하면 환경이 훨씬 낫지 않느냐는 것이다. 사람이란 자신이 아는 한도에서 가능한 모든 삶을 사는 데에 필요한 것을 전부 가지고 있다면 전적으로 만족하지만, 부족하게 가지고 있다면 만족하지 못한다. 현대인이 그리 멀지 않은 과거에는 존재하지 않았던 수많은 것들을 소유하고 안락한 집에서 사는 것은 분명히 사실이다. 그러나 현대인도 자신이 상상할 수 있는 한도에서 가능한 모든 삶을 사는 데에 필요한 것을 전부 가지고 있을 때에야 만족하는 것은 마찬가지이다. 그리고 현실의 그는 만족스럽지 않다. 신이 그동안 인류를 고양해 놓은 정도는 엄청나서 지극히 평범한 사람도 현재의 환경에서 그가 살 수 있는 것보다 훨씬 낫고 더 바람직한 삶을 상상할 수 있게 되었기 때문이다.

그리고 이것이 사실인 한, 또한 사람이 더욱 바람직한 삶을 생각할 수 있을 뿐 아니라 뚜렷이 상상도 할 수 있는 한, 그 사람은 자신이 살아야 하는 삶에 불만을 품게 될 것이고 그 불만은 온당하다. 그 불만은 더 바람직한 상태로 사람들을 촉발하는 신의 영靈 spirit이기 때문이다. 인간이라는 종을 통해 스스로를 표현하고자 하는 신 자신이기 때문이다. "신은 너희 안에서 행하시며 너희의 뜻과 행위 모두를 인도하신다.(빌립보서 2:13)"

그러므로 사람이 신에게 해 줄 수 있는 유일한 섬김은 신이 사람을 통해 세상에 주려고 하는 것을 표현하는 것이다. 달리 말하자면 신이 사람의 가능성의 극대치까지 사람 안에 거할 수 있도록 자신을 최고로 계발하는 것이다. 이 시리즈의 첫 작품인《부자가 되는 과학적 방법》에서 나는 피아노 앞에 앉은 꼬마 이야기를 한 바 있다. 그 꼬마의 영혼에 깃든 음악은 아직 훈련이 덜 된 꼬마의 손을 통해서는 자신을 표현할 수 없었다. 이는 신의 영이 우리 모두의 위에, 주위에, 주변에, 그리고 안에 깃들어 우리가 신을 섬기기 위해 우리의 손과 발, 우리의 마음, 두뇌, 그리고 육신을 단련하는 즉시 우리와 더불어 위대한 일을 하고자 하는 신의 방식을 잘 보여 주는 예이다.

신에 대한, 자신에 대한, 그리고 세상에 대한 우리의 첫 번째 의무는 가능한 모든 면에서 우리 자신을 위대한 인간으로 만드는 것이라는 말이다. 이로써 내가 보기에 의무의 문제는 해결이 되었다. 그리고 이 장chapter을 마무리하면서 역시 해결할 수 있는 문제가 한두 가지 더 있다. 나는 앞에서 기회에 대해 말한 적이 있는데 그때 위대해지는 것은 일반적으로 모든 사람의 능력 범위에서 가능한 일이라고 말했었다. 마치《부자가 되는 과학적 방법》에서 부자가 되는 것이 모든 사람의 능력 범위에서 가능한 일이라고 선언했던 것과 같다. 그러나 이런 전면적인 일반화에 해당하는 사람에게는 자격이 필요하다. 물질주의적인 마음을 가지고 있어서 이 책들에 전개된 철학을 전혀 이해할 수 없는 사람들이 있기 때문이다.

지금까지 내내 삶을 살고 일을 해 온 방식 때문에 이런 식의 생각을 사실상 할 수 없게 된 사람들이 엄청나게 많다. 그래서 그들은 이 메시지를 받아들일 수 없다. 그러므로 이들에게 통할 수 있는 것은 예시, 즉 그들의 눈앞에서 위대한 삶을 사는 것을 실제로 보여 주는 것이다. 그리고 이것이야말로 그들이 깨어날 수 있는 유일한 방법이다. 세상은 가르침보다는 예시를 더 필요로 한다. 따라서 이 많은 사람들에 대한 우리의 의무는 그들이 우리를 보면 따라 하고 싶다는 욕망이 생길 만큼 가능한 한 위대한 인간이 되는 것이다. 그들의 이익을 위해 우리 자신을 위대하게 만드는 것이 우리의 의무이다. 그러면 결과적으로 이 세상은 다음 세대가 생각이라는 것을 하기에 더 좋은 환경이 될 것이다.

다른 하나의 문제는 다음과 같다. 나는 인물이 되고자 세상으로 나가려 하지만 자신에게 의존하는 가족들 때문에 이러지도 저러지도 못하는 사람들이 보내는 고민 상담 편지를 종종 받는다. 그들이 떠나버리면 뒤에 남겨진 가족들이 고생하지 않을까 두렵다는 것이다. 특별한 상황이 아닌 한 내가 이런 이들에게 주는 조언은 두려워하지 말고 떠나서 자신을 최고로 계발하라는 것이다. 그들이 떠난 것 때문에 집에 혹시나 문제가 발생한다 해도 그 문제는 일시적이고 겉보기에만 그럴 뿐이다. 왜냐면 영의 인도를 따르는 한 조만간 그들은 여태 가족들에게 해 줬던 것보다 훨씬 더 많은 것을 해 줄 수 있게 될 것이기 때문이다.

제21장

정신 훈련

A Mental Exercise

정신 훈련의 목적을 오해해서는 안 된다. 부적이나 정식화된 일련의 말들에는 아무런 가치가 없다. 기도나 주문을 반복해 말한다고 해서 발전으로 가는 지름길이 열리지는 않는다는 말이다. 정신 훈련은 주문을 반복하는 훈련이 아니라 특정한 생각을 하는 훈련이다. 괴테가 말했듯 어떤 사상을 반복적으로 듣게 되면 납득이 된다. 그래서 우리가 반복적으로 하는 생각은 습관이 되고 지금의 우리를 만든다. 정신 훈련의 목적은 특정 생각을 계속 반복하여 그 생각을 하는 것 자체를 습관으로 만드는 것이다. 그러면 그 생각은 늘 우리 뇌리를 떠나지 않을 것이다. 목적을 이해하고 올바른 방법으로 수행하는 정신 훈련은 큰 가치가 있다. 그러나 대부분의 사람들이 하는 식의 정신 훈련은 쓸모가 없는 것을 넘어서 해롭다.

이어서 안내할 연습에 구체화되어 있는 생각이 곧 여러분이 해야 할 생각이다. 이 연습은 매일 한 번 내지 두 번을 해야 한다. 하지만 그 안에 담긴 생각만큼은 지속해서 해야 한다. 무슨 말이냐면 정해진 시간에 하루 두 번 생각하고 다음 연습 시간이 될 때까지 잊고 지내서는 안 된다는 것이다. 이 연습은 지속적인 생각의 콘텐츠를 우리 두뇌에 새기려는 것인 까닭이다.

20분에서 30분 정도 방해받지 않을 수 있는 시간을 고른 뒤 먼저 신체를 편안하게 하는 것으로부터 시작한다. 모리스 의자Morris chair[36]나 소파, 또는 침대

---

36. 안락의자의 대표적 브랜드

에 편안하게 누우라. 등을 대고 똑바로 눕는 것이 가장 좋다. 시간을 따로 낼 수가 없다면 밤에 잠을 자기 위해 침대에 누울 때와 아침에 일어나기 전 시간을 활용하라.

먼저 주의를 정수리에 집중했다가 몸 전체를 따라 이동하여 발바닥까지 가라. 이때 몸에 있는 모든 근육 하나하나를 전부 이완하라.

완전히 긴장을 풀라. 다음으로 신체적 질병이나 기타 질병을 마음에서 떨쳐내라. 주의가 척수를 거쳐 신경을 넘어 퍼져 사지에까지 이르도록 하라. 그렇게 하는 동안 다음과 같이 생각하라. "내 신경은 내 몸 전체에 걸쳐 완벽한 조화를 이루고 있다. 나의 신경은 내 뜻에 따르며 내 신경의 힘은 엄청나다." 다음으로는 폐로 주의를 옮기고서 다음과 같이 생각하라. "나는 깊고 조용히 숨을 쉬고 있고 공기는 내 폐의 모든 세포 하나하나까지 전부 드나든다. 내 폐의 상태는 완벽하기에 내 피는 정화되고 깨끗해졌다." 다음은 심장으로 주의를 옮겨 다음과 같이 생각하라. "내 심장 박동은 강하고 규칙적이며, 피의 순환은 완벽하여 사지 구석구석까지 미친다." 다음은 소화계로 주의를 옮겨 다음과 같이 생각하라. "내 위와 장은 완벽하게 기능한다. 내 음식은 소화되고 흡수되며 내 몸은 재건되고 영양분을 공급받는다. 나의 간, 신장, 방광도 통증이나 부담 없이 각자의 여러 가지 기능을 수행한다. 나는 완벽하게 건강하다. 나의 몸은 휴식을 취하고 있고 나의 마음은 고요하며 나의 영혼은 평안하다."

"나는 재정적인 문제나 기타 문제로 인한 걱정도 없다. 내 안에 깃든 신은 내가 원하는 모든 것 안에도 깃들어 그것들이 내게 오도록 추동하기에 내가 원하는 모든 것은 이미 나에게 주어진 것과 같다. 나는 건강에 대한 걱정도 없다. 왜냐하면 나는 완벽하게 건강하기 때문이다. 나에게는 그 어떤 걱정이나 두려움도 없다."

"나는 도덕적 악moral evil**37**을 저지르게 만드는 모든 유혹도 초월한 존재다. 나는 모든 탐욕과 이기심과 편협한 개인적 야망을 내던졌다. 나는 그 어떤 살아있는 영혼에 대해서도 시기, 악의, 원한 등을 품지 않는다. 나는 '나의 최고의 이상'에 부합하지 않는 행동 방침은 따르지 않을 것이다. 나는 올바른 존재이기에 올바르게 행동할 것이다."

관점

세상에 존재하는 모든 것은 옳다. 이 세상은 완벽하며 완성을 향해 나아가고 있기 때문이다. 나는 오직 이렇게 높은 관점에서만 사회적, 정치적, 산업적 삶의 사실들 역시 고찰할 것이다. 그러므로 보라. 이 모든 것이 매우 좋다.(창세기 1:31) 나는 모든 인간, 모든

---

37. 어느 행동 주체의 의도적 행동 또는 의도적 무행동으로 인해 발생하는 도덕적으로 부정적인 사건

지인, 친구, 이웃, 내 가족들 역시 같은 방식으로 볼 것이다. 그러므로 그들도 역시 모두 좋다. 이 우주에는 잘못된 것이 아무것도 없다. 나 자신의 개인적인 태도 외에는 그 어떤 것도 잘못될 수가 없다. 따라서 지금부터 나는 나의 개인적 태도를 올바르게 유지할 것이다. 나는 신을 전적으로 신뢰한다.

헌신

나는 내 영혼에 순종하고 내 안에 있는 가장 고귀한 것에 충실할 것이다. 나는 삶의 모든 것에서 무엇이 올바른지에 관한 순수한 개념을 나의 내면에서 찾을 것이고 발견하게 되면 나의 외적인 삶으로 표현할 것이다. 나는 내가 생각할 수 있는 최선을 위해 내가 웃자란 모든 것을 버릴 것이다. 나는 내가 맺는 모든 관계를 최고라고 생각할 것이고 나의 태도와 행동에 이러한 내 생각이 표출될 것이다. 나는 나의 몸을 마음에 넘겨 그 지배에 맡긴다. 나는 나의 마음을 영혼에 넘겨 그 통치에 맡긴다. 나는 나의 영혼을 절대자에게 넘겨 그 인도에 맡긴다.

인식

오직 하나의 근원과 물질이 있고 그것으로 내가 만들어졌고 그것과 나는 하나이다. 그 근원물질은 나의 아버지이며 나는 그것으로부터 창발하여 나왔다. 내 아버지와 나는 하나이며 내 아버지는 나보다 위대하고 나는 그의 뜻을 행한다. 나는 하나뿐이지만 또한 어디에나 존재하는 아버지의 순수 영혼과의 의식적인 융합에 나 자신을 바친다. 나는 그의 무한한 의식과 하나이다.

이상화 Idealization

되고자 원하는 자기 모습을, 상상할 수 있는 가장 위대한 모습으로 마음속에 그려라. 잠시 그 모습에 집중하면서 다음과 같은 생각을 지속하라. "이것이 바로 진정한 나다. 완벽하고 완성을 향해 나아가는 나의 모습이다. 나는 오직 이렇게 높은 관점에서만 사회적, 정치적, 산업적 삶의 사실들 역시 고찰할 것이다. 그러므로 보라. 이 모든 것이 매우 좋다.(창세기 1:31) 나는 모든 인간, 모든 지인, 친구, 이웃, 내 가족들 역시 같은 방식으로 볼 것이다. 그러므로 그들도 역시 모두 좋다.

이 우주에는 잘못된 것이 아무것도 없다. 나 자신의 개인적인 태도 외에는 그 어떤 것도 잘못될 수가 없다. 따라서 지금부터 나는 나의 개인적 태도를 올바르게 유지할 것이다. 나는 신을 전적으로 신뢰한다.

실현

나는 내가 되고 싶은 사람이 되고 내가 하고 싶은 일을 할 수 있는 힘을 나 자신에게 온전히 부여한다. 나는 창조적인 에너지를 발휘하며 존재하는 모든 힘은 나의 것이다. 나는 능력과 더불어 일어나 완전한 확신을 가지고 나아갈 것이다. 나는 나의 신, 절대자의 능력으로 위대한 일을 할 것이다. 나는 신뢰하고 두려워하지 않으니 신이 나와 함께하기 때문이다.

제23장

위대해지는 과학적 방법의 요약

A Summary of The Science of Being Great

모든 사람은 하나의 지혜로운 근원물질로 만들어졌기에 모두 동일한 본질적인 힘과 가능성을 지니고 있다. 이처럼 위대함은 모든 이에게 동등하게 내재되어 있어서 모든 사람이 드러낼 수 있다. 누구나 위대해질 수 있는 것이다. 신을 이루는 모든 성분은 사람을 이루는 성분이기도 하다.

그러므로 사람은 근원물질에 의해 영혼에 내재된 타고난 창조력을 발휘함으로써 유전과 환경을 모두 극복할 수 있다. 위대해지고자 하는 사람은 영혼이 작용해야 하고 정신과 육체를 다스려야 하는 이유다.

그런데 사람은 지식이 제한되어 있어서 무지로 인한 오류에 빠진다. 이를 피하려면 자신의 영혼을 우주의 영과 연결해야 한다. 우주의 영은 지혜로운 근원물질 그 자체로 모든 존재가 그것으로부터 나온다. 그것은 모든 것에 깃들어 있으며 동시에 그 안팎을 넘나든다. 따라서 세상에 이 우주의 영이 알지 못하는 것은 없으며 사람은 자신을 이 우주의 영과 융합함으로써 그 무한한 지식에 접속할 수 있다.

그러려면 사람은 그를 우주의 영, 즉 신과 분리하는 모든 것을 자신으로부터 떨쳐내야 한다. 신성한 삶을 살기를 간절히 원해야 하고 모든 도덕적 유혹을 초월해야 하며 자신이 품은 최고의 이상에 부합하지 않는 모든 행동 방침을 버려야 한다.

신은 모든 것인 동시에 모든 것 안에 깃들어 있기에 세상에 잘못된 것은 아무것도 없음을 인식하는 올바른 관점에 이르러야 한다. 자연, 사회, 정부 및 산업이 현재 단계에서 완벽하며 완성을 향해 나아가고 있고 세상 어느 곳의 누구든 사람 역시 모두가 선하고 완벽함을 깨달아야 한다. 세상의 모든 것이 옳다는 것을 알고 이 완벽한 신의 작품의 완성을 위해 신과 융합해야 한다. 사람이 진정한 위대함에 이를 수 있는 것은 오직 신을 모든 것 안에 깃들어 전진하는 위대한 존재, 그리하여 모든 것에서 선한 존재로 파악할 때이다.

사람은 영혼의 목소리에 순종하면서 자신 안에 있는 가장 높은 존재를 섬기는 일에 자신을 바쳐야 한다. 모든 사람에게는 그를 계속해서 그 가장 높은 존재에게로 이끄는 내면의 빛이 있어서 위대해지려면 그 빛의 인도를 받아야 한다.

그는 자신이 신과 하나라는 사실을 인식하고 자신과 다른 모든 사람을 위하여 이 일치를 의식적으로 확언해야 한다. 자신이 여러 신들 중 하나의 신임을 알고 그것에 맞게 행동해야 한다. 진리에 대한 자신의 인식에 절대적 신념을 가져야 하며 집에서부터 이 인식에 따라 행동하기 시작해야 한다. 작은 것에서 참되고 바른길이 보이면 그 길을 가야 한다. 생각 없이 행동하는 것을 멈추고 생각하기 시작해야 한다. 그리고 자신의 생각에 진실해야 한다.

자신을 가장 높은 즉 위대한 존재라 생각해야 하고 그 생각이 습관적인 상념체가 될 때까지 유지해야 한다. 이 상념체를 지속해서 염두에 두어야 한다. 그 상념체를 깨닫고 행동으로 표현하기에 거리낌이 없어야 한다. 자신이 하는 모든 일을 위대한 방식으로 해내야 한다. 가족, 이웃, 지인, 친구를 대할 때의 모든 행동이 그의 이상을 표현하도록 해야 한다. 관점이 올바르고 온전히 헌신하며 자신을 이상적인 위대한 존재로 상정하여 아무리 사소한 행위라도 하나하나가 모두 그 이상의 표현이 되도록 하는 사람은 이미 위대함에 이른 사람이다. 그의 모든 행동이 위대한 방식으로 수행될 것이기 때문이다. 그는 알려질 것이고 힘을 가진 사람으로 인정받을 것이다. 영 감은 그의 지식의 원천이 될 것이고 그는 알아야 할 모든 것을 알게 될 것이다. 그가 생각한 물질적 부는 현실의 부가 되어 그의 수중에 들어올 것이고 좋은 것은 그 어떤 것도 부족하지 않을 것이다. 그는 일어 날 수 있는 그 어떤 조합의 상황이라도 대처할 수 있 는 능력을 갖게 될 것이고 그의 성장과 발전은 신속 하면서도 지속적일 것이다.

위대한 일들이 그를 찾아올 것이고 모든 사람들 이 기꺼이 그에게 경의를 표할 것이다.

* * *

나는 독자들에게 에머슨의 에세이 《초영혼 The Oversoul》의 일부를 소개하는 것으로 이 책 《위대해지 는 과학적 방법》을 마무리한다. 이 훌륭한 에세이는 일원론과 위대함의 과학을 아우르는 근본 원칙을 보 여주는 원론과 같은 글이다. 그만큼 이 글은 독자들 에게 특별한 가치가 있다. 여기까지 나를 따라온 독자라면 이 책《위대해지는 과학적 방법》에 이어《초영혼》을 가장 주의 깊게 공부해 볼 것을 권한다.

초영혼

랠프 월도 에머슨 지음

Appendix: The Oversoul

... (전략)

사람들이 보편적으로 누구나 느끼는 결핍과 무지라
는 감각, 이것은 자신의 존재를 알리려는 위대한 영
혼이 우리에게 주는 미세한 암시가 아닐까? 왜 사람
들은 인간의 자연사가 기록된 적이 없다고 느낄까?
왜 사람에 관해 뭔가 쓰이더라도 항상 빠진 부분이
나타나 이미 쓰인 것은 구닥다리가 되고 그래서 철

학책들마저도 쓸모없다는 느낌이 들까? 철학이 6천 년을 이어져 내려오면서도 영혼의 심연은 탐구하지 않았기 때문이다. 철학의 실험에는 그 마지막 분석에서도 해결하지 못한 잔여물이 남지 않은 적이 없다.

사람은 그 근원을 알 수 없는 강물과 같다. 항상 우리라는 존재는 우리도 알지 못하는 근원으로부터 우리 안으로 흘러 내려오고 있다. 아무리 계산이 철저한 사람이라도 순간 예기치 않은 일이 '흘러 내려와' 바로 다음 순간을 망치지 않을 것임을 미리 아는 예지력은 없기에 나는 사건에는 매 순간 내가 나의 의지라고 부르는 것보다 더 높은 차원의 기원이 있음을 인정하지 않을 수 없다.

사건만이 아니라 생각도 마찬가지다. 알 수 없는 근원에서 나온 물줄기가 순식간에 내 마음속으로 밀려드는 것을 볼 때 나는 그 흐름을 받는 사람일 뿐 기원은 아니며 그 영묘한 물줄기에 넋이 나간 방관자에 불과함을 깨닫는다. 그러면 나는 그저 나를 일

깨우는 이 미지의 힘으로부터 뭔가를 받게 되기를 엎드려 갈망할 뿐이다.

대지가 대기의 푹신한 품에 안겨있듯 우리가 안식하는 위대한 자연이야말로 과거와 현재의 모든 오류에 대한 최고의 비평가이자 나타나지 않을 도리가 없는 것을 알리는 유일한 예언자이다. 모든 사람의 개별 존재를 포함하면서도 다른 모든 존재와 하나가 되게 하는 통일성, 즉 초영혼, 그에 관한 모든 진실한 대화가 숭배로 이어지고 모든 올바른 행동이 순종으로 이어지게 되는 공통의 마음common heart, 우리의 책략이나 재능 따위는 감히 견줄 수도 없는, 그래서 모두가 있는 그대로의 자신을 받아들이고 혀가 아닌 인격character으로부터 말하지 않을 수 없게 만드는 압도적인 현실, 언제나 우리의 생각과 육신에 들어와 지혜와 미덕과 힘과 아름다움이 되는 경향이 있으며 또 그게 목표이기도 한 그런 존재가 바로 자연이다. 자연과 달리 우리 사람은 계승과 분할 속에서

부분이자 입자로 살고 있다.

그러나 동시에 사람의 내부에도 전체의 영혼, 현명한 침묵, 모든 부분과 입자가 동등하게 연관되는 보편적인 아름다움, 저 영원한 하나가 존재한다. 그 안에 우리가 존재하는 이 심오한 힘, 그 지극한 행복이 우리 모두에게도 열려 있는 이 힘은 매 순간 자족하고 완벽할 뿐 아니라 그 안에서는 보기와 보이기, 보는 자와 보이는 것, 주체와 객체가 하나이다. 우리는 세상을 태양, 달, 동물, 나무로 하나씩 보지만 이 모든 것들이 빛을 발하는 구성 부분이 되어 이뤄지는 전체는 곧 영혼이다.

시대의 운세를 읽을 수 있는 것은 오직 그 지혜의 비전에 의해서이며 그것이 무슨 말을 하는지 아는 것은 우리가 더 나은 생각에 의지함으로써만, 즉 모든 사람에게 내재된 예언의 영靈 spirit에 순종함으로써만 가능하다. 이 의지와 순종으로부터 말하는 모든 이의 말은 그렇지 못한 사람들에게는 허튼소리로 들리지 않을 도리가 없다. 이는 즉 의지와 순종으로부터 말하는 것은 나로서도 엄두가 나지 않는 일이다. 그 장엄한 의미를 전달하기에 나의 언어는 부족하고 힘도 없다. 나의 언어 따위가 아니라 오직 그 지혜의 비전, 예언의 영만이 영감을 받을 사람들에게 영감을 줄 수 있으니 보라! 영감을 받은 그들의 말은 서정적이고 감미로우며 바람이 일어나는 것과 같이 온 세상에 퍼질 것이다.

그러나 나로서도 저들처럼 신성한 언어를 사용할 수 없다면 불경스러운 말로라도 이 신의 천국을 가리켜 보이고 이 지고한 법칙의 초월적인 단순성과 에너지에 관해 내가 수집한 실마리들을 알리고자 한다.

우리가 일상에서 대화를 나누거나 공상을 하거나 회한에 잠기거나 열정에 젖거나 깜짝 놀라거나 꿈을 꾸거나 등등의 여러 활동을 할 때, 특히 꿈이라면 우리는 종종 우리 진짜 모습이 아닌 가상의 모습으로 등장하지만 그 어처구니없는 가짜란 진짜 요소를 확대, 강화하여 우리의 주의를 잡아끄는 장치인 바, 이런 여러 경우에서 벌어지는 현상들을 심사숙고해 보면 자연의 비밀에 관한 지식을 넓히고 밝혀주는 많은 실마리를 얻게 된다. 우선 이 모든 것은 인간의 영혼은 하나의 기관이 아니며 오히려 앞선 각각의 활동이 벌어지는 모든 기관에 활기를 주고 움직이게 하는 것임을 보여준다. 그렇다고 기억력이나 계산력, 비교 능력 같은 기능도 아니다. 이런 기능들을 손발처럼 사용하는 무엇이다. 그렇다고 재능이냐면 그것도 아니다. 차라리 이 모든 '배'들이 운행할 수 있도록 비추는 등대의 빛이다. 지성이나 의지가 아니라 지성과 의지를 모두 움직이는 주인이라는 말이다. 이 모든 것을 품는, 존재의 광대한 배경이다. 소유되지 않는, 그리고 소유될 수도 없는 무한이다.

그 내면 혹은 배후에서 나온 빛은 우리를 투과해 사물을 비추어 우리는 아무것도 아니며 빛이 모든 것임을 깨닫게 한다. 사람은 모든 지혜와 모든 선을 품고 있는 사원의 겉모습과 같다. 즉 우리가 보통 말하는, 먹고, 마시고, 농사를 짓고, 셈을 하는 등의 사람은, 우리가 아는 그 사람의 표상이 아니라 잘못된 표상이다. 우리가 경외하는 대상은 사람이 아니라 그 영혼이다. 사람은 영혼의 기관에 불과하다. 영혼은 사람으로 하여금 행동을 통해 영혼 자신을 드러내게 하며 그 영혼에 우리는 무릎을 꿇는다. 영혼이 인간 지성을 통해 호흡하면 천재이고 영혼이 인간 의지를 통해 호흡하면 덕이 되고[38] 영혼이 인간의 감정을 통해 흐르면 사랑이 되는 것이다.

... (중략) ...

진보의 정도는 산술로 나타낼 수 있는 것이 아니다. 그만의 자체 법칙이 있다. 즉 영혼의 진보는 직선의 움직임으로 나타낼 수 있는 것처럼 점진적으로

---

38. 와틀스가 제외한 것으로 보이는 부분이다.

이뤄지는 것이 아니다. 그보다는 알에서 애벌레로, 애벌레에서 파리로 이어지는 우화에 의해 표현되는 것과 같은 상태의 격상에 가깝다.

천재의 성장은 총체적인 성장이다. 소명을 받은 어느 개인을 처음에는 존, 다음은 애덤, 그다음은 리처드를 뛰어넘게 하여 방금 언급된 사람들에게 열등감이라는 아픔을 느끼게 하는 대신 한 번씩 성장의 격통이 일어날 때마다 그 개인은 그가 작용하는 바로 그 자리에서 확장하여 계급을 뛰어넘고 인류를 뛰어넘는다. 신이 주신 성장하고자 하는 충동이 일어날 때마다 그의 마음은 가시적이고 유한한 것의 얇은 껍질을 찢고 영원으로 나와 그곳의 공기를 숨 쉰다.

... (중략) ...

이것은 도덕적 성취, 정신적 성취의 법칙이다. 천재는 그 천진한 고유의 흥에 의해서처럼 한 가지 미덕의 영역에서만이 아니라 모든 미덕의 영역에서 성장한다. 그들은 모든 미덕이 깃든 영혼 안에 있는 까닭이다. 영혼은 모든 각각의 미덕보다 우월하다.[39] 영혼은 순수를 요구하지만 순수가 영혼은 아니다. 영혼은 정의를 요구하지만 정의가 영혼은 아니다. 영혼은 선행을 요구하지만 그것보다 나은 무엇이며 그렇기에 덕의 본질moral nature에 관한 언급이 멈춰지고 영혼이 명하는 특정 미덕만을 재촉하게 되면 일종의 타락과 타협이 느껴지는 것이다.[40]

순수하게 작용하는 영혼에게[41] 모든 미덕은 힘겹게 얻어지는 것이 아니라 타고나는 것이다. 마음에 대고 말을 걸면 사람들은 한순간에 고결해지는데 지

---

39. 인터넷에서 구할 수 있는 동일한 The Oversoul의 1841년 판본들 사이에서도 이 문장이 있는 판본(bartleby)과 없는 판본(emersoncentral)이 혼재한다.

40. 가령 나름대로 영의 명을 받았다고 느낀 '수많은 사람들이 자신을 낮추고 다른 모든 것을 포기한 뒤 선을 행하면서 예수를 본받았다고 생각하는데 이는 가장 지독한 이기심만큼이나 위대함과는 거리가 먼, 참으로 병적인 이타주의를 실천한 것에 불과하다'는 와틀스의 견해(제18장. 위대함에 대한 예수의 생각)와 일맥상통하는 부분이다.

41. 이 부분 역시 인터넷에서 구할 수 있는 동일한 The Oversoul의 1841년 판본들 사이에서도 To the well-born child,라 되어 있는 판본(emersoncentral)과 For, to the soul in her pure action,이라 되어 있는 판본(bartleby)이 혼재한다. 와틀스가 이용한 판본은 후자이다.

적 발달의 싹도 이와 동일한 감정에 내포되어 있어서 같은 법칙을 따른다. 겸손할 수 있고 정의로울 수 있으며 사랑할 수 있고 열망할 수 있는 사람들은 학문과 예술, 웅변과 시, 행위와 은총을 좌우하는 단상에 이미 서 있는 것이다. 인간으로서 누릴 수 있는 이런 최고의 행복을 누리는 사람들은 모든 이가 그토록 높이 평가하는 저런 특별한 힘들을 이미 향유하고 있다. 마치 사랑이 사랑하는 대상의 모든 자질을 온전히 드러내는 것과 같다.[42]

남자가 일반적인 여자에게 어필할 만한 것이라고는 재능이든 기술이든 아무것도 가지고 있지 않고 그가 사랑하는 그녀 역시 관련된 능력이 거의 없더라도 두 사람에게는 이미 서로가 최고인 것처럼 말이다. 이 연인들이 그러하듯 절대자의 마음에 자신의 마음을 온전히 내맡기는 사람은 절대자의 마음의 모든 작용과 자신이 연관되어

---

42. 이 문장 역시 인터넷에서 구할 수 있는 동일한 The Oversoul의 1841년 판본들 사이에서도 있는 판본(bartleby)과 없는 판본(emersoncentral)이 혼재한다.

있음을 깨닫게 되고 따라서 그 어떤 특정 지식이나 힘이라도 문제없이 얻게 되는 것이다. 왜냐면 절대자의 마음에 자신의 마음을 내맡길 때 생기는 이 원시적이고 근원적인 감정에 올라설 때 우리는 주변의 외딴곳에서 세상의 중심으로 단번에 도약하며 그곳에서는 신의 내실에 서처럼 우주 삼라만상의 원인이 보이기에 그 미래가 어떨지마저도, 비록 우주의 느린 진행은 여전히 미래에 이르지 못했더라도, 보이기 때문이다.[43]

(후략) ...

- 끝 -

---

43. 이《초영혼》발췌의 첫 부분으로 돌아가 보면 영혼의 탐구가 인간의 완벽한 자연사 서술을 비로소 가능하게 함을 알 수 있다.

위대해지는 과학적 방법
신이 되는 길

초판인쇄 2024년 8월 30일
초판발행 2024년 8월 30일

지은이 월리스 D. 와틀스
옮긴이 지갑수
발행인 채종준

출판총괄 박능원
책임편집 유   나
디자인 홍은표
마케팅 전예리 · 조희진 · 안영은
전자책 정담자리
국제업무 채보라

브랜드 크루
주소 경기도 파주시 회동길 230 (문발동)
투고문의 ksibook13@kstudy.com

발행처 한국학술정보(주)
출판신고 2003년 9월 25일 제406-2003-000012호
인쇄 북토리

ISBN 979 - 11 - 7217 - 477 - 4   02190